다문화가정과 함께하는

정확한
한국어

국립국어원 기획　이선웅 외 집필

중급
2

Hawoo Publishing Inc.

발간사

　우리는 이제 '다문화'라는 말이 더 이상 낯설지 않은 시대에 살고 있습니다. 2018년 12월호 출입국외국인정책 통계월보에 따르면 체류외국인은 2,367,607명인데 이는 2010년보다 2배 가까이 증가한 것입니다. 그런데 주목할 점은 다문화가정의 형태가 여성결혼이민자를 주요 가족 구성원으로 하는 획일적인 모습이 아니라 남성결혼이민자 가정이나 외국인 1인 가정 등으로 다양화되었다는 것입니다. 이에 다문화가정 대상 한국어 교재도 학습 대상자를 여성결혼이민자에 국한하지 않고 다문화가정의 남녀 성인 구성원으로 확대할 필요가 생겼습니다.

　이에 국립국어원에서는 2017년 다문화가정 성인을 대상으로 한 한국어 교육 내용을 개발하였고, 2018년 시범 적용을 거쳐 초급 교재 4권, 중급 교재 4권을 출판하게 되었습니다. 교사용 지도서는 별도로 출판하지 않았지만 국립국어원 한국어교수학습샘터에 탑재해 현장 교사들이 무료로 이용할 수 있게 하였습니다.

　이번 교재 개발에는 현장 경험이 많은 연구진이 집필자와 검토자로 참여하여 한국어 교육의 전문적 내용을 쉽고 친근하게 구성하였습니다. 특히 현장 시범 적용을 통해 교사와 학생의 의견을 폭넓게 수렴하기 위해 노력하였습니다. 또한 성적, 문화적 차별 요소가 없도록 내용을 구성하였고, 다문화가정 구성원이 이 사회에서 진취적으로 살아가는 모습을 담고자 하였습니다.

　아무쪼록 '다문화가정과 함께하는 한국어'가 다문화가정 구성원이 한국어를 '즐겁고, 정확하게' 익힐 수 있는 길잡이가 되기를 바랍니다. 그래서 다문화가정 구성원이 한국 사회에 통합되어 안정적인 생활을 영위하는 데 도움이 될 수 있기를 바랍니다.

　끝으로 새로운 교재의 개발을 위해 최선의 노력을 기울여 주신 교재 개발진과 출판사 관계자 분들에게 깊은 감사의 말씀을 드립니다.

2019년 1월
국립국어원장 소강춘

머리말

교통과 통신의 비약적인 발전에 따라 세계 여러 나라들의 교류가 크게 증가하고 있고, 그와 함께 한국에 정착해 사는 외국인들 역시 크게 늘어나고 있습니다. 한국에 이주해 한국인 배우자와 함께 사는 사람들, 직업 활동을 하면서 한국에 정착해 사는 외국인 부부들이 오랜 기간 동안 한국에 살면서 자녀를 낳아 기르고 있어 한국 사회도 점차 다문화 사회로 이행하고 있는 모습이 뚜렷이 나타나고 있습니다. 이는 한국의 국제적 위상이 점점 높아지고 있음을 간접적으로 보여 주는 바람직한 사회 현상이라고 생각합니다.

이 책은 이와 같은 시대적 흐름에 발맞추어 국립국어원에서 발주한 사업인 2017년 다문화가정 교재 개발 사업의 결과물로서 다문화가정 구성원들이 한국 문화를 이해하는 바탕 위에서 구어와 문어 영역에서 고른 수준의 한국어를 구사할 수 있도록 구성되었습니다. 또한 날이 갈수록 다문화가정 구성원들의 사회 활동이 늘고 있고 성 평등 의식도 높아져 가고 있으므로, 학습자들이 한국 사회의 일원으로서 확고한 정체성을 지니고 가족생활, 이웃과의 교류, 직업 활동을 포함한 여러 사회생활에서 필요한 한국어를 자연스럽게 구사할 수 있도록 하였습니다. 학습자들이 한국 사회에 대한 적응이라는 수동적 태도에서 나아가 한국 사회를 함께 이끌어 간다는 능동적 태도를 지니고 살아갈 수 있도록 내용을 구성하였습니다.

이 책은 본래 2008년에 국립국어원에서 발주하여 2010년에 출판된 "결혼 이민자와 함께하는 한국어"의 개정판으로 기획되었으나, 그동안 한국어 교육계에서 발전되어 온 교육 방법론을 최대한 반영하고자 그때의 교재와는 구성 체제를 사뭇 달리하였습니다. 가장 큰 차이점은 성격이 다른 두 권으로 주 교재를 나눈 것입니다. "다문화가정을 위한 즐거운 한국어"는 구어 위주의 과제 활동이 더 많도록 구성하였고 "다문화가정을 위한 정확한 한국어"는 문어 위주의 형태 연습이 더 많도록 구성하였습니다. 곧 "정확한 한국어"는 부교재로 취급받던 기존 워크북의 내용을 더욱 풍부하게 하여 "즐거운 한국어"에 버금가는 주 교재로 집필된 것입니다. 두 책을 유기적으로 연결하여 교수·학습한다면 유창성과 정확성을 고루 갖출 수 있을 것이라고 생각합니다.

아무쪼록 모든 다문화가정 구성원들이 이 책으로 한국어와 한국 문화를 열심히 공부하여 한국 사회의 성공적인 일원이 될 수 있기를 기원합니다.

2019년 1월

저자를 대표하여 이선웅 적음.

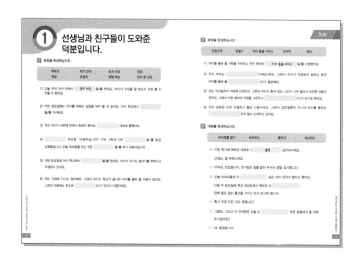

어휘

각 과의 주제와 관련하여 필수적으로 학습해야 할 어휘를 제시하고 연습 문제를 통해 연습할 수 있도록 하였다. 그림을 활용하여 어휘 의미를 쉽게 파악할 수 있게 하였고 대화 속에서 어휘가 사용되는 예를 제시하였다.

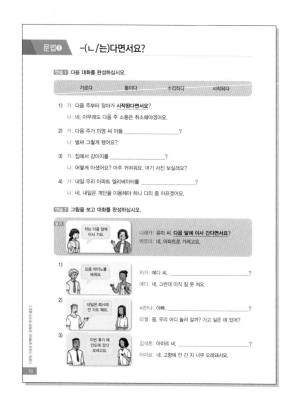

문법

문법에서는 학습할 문법 항목을 체계적으로 연습할 수 있게 하였다. 기본적으로 형태를 정확하게 파악할 수 있도록 표를 완성하는 문항을 수록하였고, 문장 및 대화 만들기로 단위를 확장하여 학습 문법을 연습할 수 있게 하였다. 필요한 경우 날개 부분을 활용하여 추가 학습 항목을 제시하여 학습 문법과 함께 연습할 수 있도록 하였다.

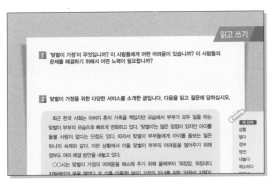

읽고 쓰기: 읽기

읽기 에서는 과 주제와 관련된 글과 함께 글의 이해 여부를 확인할 수 있는 문제를 수록하였다. 이미 학습한 어휘뿐만 아니라 새롭게 학습할 수 있는 어휘를 '새 단어'로 추가 제시하였다.

읽고 쓰기: 쓰기

쓰기 에서는 읽은 글을 토대로 하여 자신의 이야기를 직접 써 볼 수 있게 하였다. 쓰기에 어려움을 겪을 수 있는 초급에서는 읽기 지문이 자신이 쓸 글의 뼈대가 될 수 있도록 하였다. 또한 학습자들이 글을 쓰기 전에 자신의 생각을 미리 정리해 볼 수 있도록 개요 쓰기를 포함하였다.

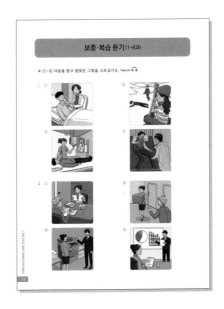

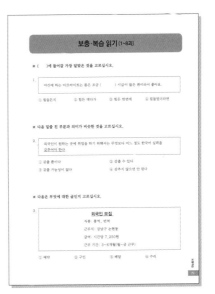

보충·복습

보충·복습 에서는 1~8과, 9~16과에서 배운 내용을 한국어능력시험의 듣기와 읽기 시험 문제와 동일한 형식을 통해 점검하게 함으로써 한국어능력시험을 준비하는 데 도움이 되도록 하였다. 필요한 경우 새 어휘나 문법이 사용된 새로운 내용의 텍스트를 추가하여 좀 더 실전에 가깝도록 구성하였다.

목차

1 선생님과 친구들이 도와준 덕분입니다.

1 문장을 완성하십시오.

학부모	학기 안내	공개 수업	담임
학급	운동회	체험 학습	방과 후 수업

1) 오늘 우리 아이 반에서 <u>공개 수업</u> 을/를 한대요. 아이가 수업을 잘 받는지 직접 볼 수 있을 것 같아요.

2) 이번 금요일에는 아이를 위해서 김밥을 싸야 할 것 같아요. 아이 학교에서   을/를 가거든요.

3) 우리 아이가 이번에 반에서 회장이 됐어요.   대표로 뽑혔어요.

4)   여러분, 안녕하십니까? 저는 3학년 2반   을/를 맡은 김영철입니다. 오늘 여러분을 모신 것은   을/를 하기 위해서입니다.

5) 이번 토요일에 아이 학교에서   을/를 한대요. 아이가 자기는 달리기를 못한다고 걱정하고 있어요.

6) 저는 직장에 다니는 엄마예요. 그래서 아이가 학교가 끝나면 아이를 돌봐 줄 사람이 없어요. 그런데 요즘에는 학교에   이/가 있어서 다행이에요.

2 문장을 완성하십시오.

전업주부	맞벌이	아이 돌봄 서비스	도우미	육아

1) 아이를 돌봐 줄 사람을 구하려고 주민 센터에 ___아이 돌봄 서비스___ 을/를 신청했어요.

2) 우리 부부는 _____ 이에요/예요. 그래서 우리가 직장에서 일하는 동안
   아이를 돌봐 줄 _____ 이/가 필요해요.

3) 저는 지난달까지 직장에 다녔어요. 그런데 아이가 혼자 있는 시간이 너무 많아서 미안한 마음이
   컸어요. 그래서 이번 달부터 직장을 그만두고 _____ 이/가 되기로 했어요.

4) 우리 남편은 아주 친절하고 좋은 사람이에요. 그래서 집안일뿐만 아니라 아이를 돌보는
   _____ 까지 많이 도와주고 있어요.

3 대화를 완성하십시오.

바자회를 열다	참석하다	뽑히다	의논하다

가: 이번 학기에 학부모 대표로 1) ___뽑힌___ 김미숙이에요.

　　선생님, 잘 부탁드려요.

나: 어머님, 반갑습니다. 번거로운 일을 맡아 주셔서 정말 감사합니다.

가: 오늘 어머님들과 2) _____ 싶은 것이 있어서 뵙자고 했어요.

　　다음 주 토요일에 학교 대강당에서 학부모 3) _____.

　　집에 필요 없는 물건을 가지고 와서 파시면 됩니다.

나: 혹시 직접 만든 것도 괜찮나요?

가: 그럼요. 그리고 이 안내문은 오늘 4) _____ 못한 분들에게 좀 전해

　　주시겠어요?

나: 네, 알겠습니다.

연습1 다음 대화를 완성하십시오.

기르다	돌이다	수리하다	시작되다

1) 가: 다음 주부터 장마가 <u>시작된다면서요</u>?

　나: 네, 아무래도 다음 주 소풍은 취소해야겠어요.

2) 가: 다음 주가 미영 씨 아들 _____?

　나: 벌써 그렇게 됐어요?

3) 가: 집에서 강아지를 _____?

　나: 어떻게 아셨어요? 아주 귀여워요. 여기 사진 보실래요?

4) 가: 내일 우리 아파트 엘리베이터를 _____?

　나: 네, 내일은 계단을 이용해야 하니 다리 좀 아프겠어요.

연습2 그림을 보고 대화를 완성하십시오.

보기

저는 다음 달에 이사 가요.

나레카: 유미 씨, 다음 달에 이사 <u>간다면서요</u>?
박유미: 네, 아파트로 가려고요.

1)

요즘 피아노를 배워요.

자가: 에디 씨, _____?
에디: 네, 그런데 아직 잘 못 쳐요.

2)

내일은 회사에 안 가도 돼요.

사만나: 아빠, _____?
미셸: 응, 우리 어디 놀러 갈까? 가고 싶은 데 있어?

3)

이번 휴가 때 인도에 갔다 오려고요.

김석훈: 아미르 씨, _____?
아미르: 네, 고향에 안 간 지 너무 오래돼서요.

연습 1 알맞게 연결하고 문장을 완성하십시오.

1)	지나가던 사람이 길을 가르쳐 주다	겨울 동안 맛있는 김치를 먹다
2)	옆집 사람이 119에 전화해 주다	편안하게 여행을 할 수 있다
3)	시어머니께서 김치를 담가 주시다	잘 찾아갈 수 있다
4)	친구가 친절하게 안내를 해 주다	아이를 바로 병원에 데려갈 수 있다

1) 지나가던 사람이 <u>길을 가르쳐 준 덕분에 잘 찾아갈 수 있었어요.</u>

2) _____.

3) _____.

4) _____.

연습 2 그림을 보고 대화를 완성하십시오.

1)

가: 시험 어땠어요? 어려웠어요?

나: 아니요, 친한 한국 친구가 공부를 <u>도와준 덕분에</u> 별로 어렵지 않더라고요.

2)

가: 오늘하고 내일 단수죠? 불편해서 어떡해요?

나: 우리 집은 괜찮아요. 경비 아저씨가 단수되는 것을 _____ 미리 물을 받아 놓았거든요.

3)

가: 고향 친구들은 잘 배웅했어요?

나: 네, 늦게 일어나서 비행기 출발 시간에 못 맞출 뻔했는데 남편이 자동차로 _____ 무사히 비행기를 탈 수 있었어요.

연습1 문장을 완성하십시오.

> 보기 월급 / 하는 일이 너무 많다
> ➡ 그 회사는 월급에 비해서 하는 일이 너무 많아요.

1) 가격 / 품질이 좋다

　　➡ 이 제품은 ＿＿＿＿＿＿＿＿＿＿＿ 품질이 아주 좋아요.

2) 몽골 / 안 춥다

　　➡ 한국의 겨울 날씨는 ＿＿＿＿＿＿＿＿＿＿＿ 안 추운 편이에요.

3) 예전 / 저렴한 것이 인기가 많다

　　➡ 요즘 추석 선물은 ＿＿＿＿＿＿＿＿＿＿＿ 저렴한 것이 인기가 많아요.

4) 노력한 것 / 결과는 좋지 못하다

　　➡ 그동안 ＿＿＿＿＿＿＿＿＿＿＿ 결과는 좋지 못했어요.

연습2 대화를 완성하십시오.

> 보기 가: 한국어 공부가 어렵지 않아요?
> 나: 네, 중국어에 비해서 문법이 복잡해서 공부하기 힘들어요.

1) 가: 왜 이사하려고 해요?

　　나: 월세에 비해서 ＿＿＿＿＿＿＿＿＿＿＿＿＿＿＿＿＿＿.

2) 가: 새로 산 구두는 왜 안 신고 다녀요?

　　나: 편해 보여서 샀는데 값에 비해서 ＿＿＿＿＿＿＿＿＿＿＿＿＿＿＿.

3) 가: 나레카 씨는 매운 음식을 못 먹어요?

　　나: 네, 우리나라 음식은 한국 음식에 비해서 ＿＿＿＿＿＿＿＿＿＿＿.

4) 가: 와, 오늘 왜 이렇게 길이 많이 막히죠?

　　나: 퇴근 시간에 비하면 ＿＿＿＿＿＿＿＿＿＿＿＿＿＿＿＿＿＿.

1 '맞벌이 가정'이 무엇입니까? 이 사람들에게 어떤 어려움이 있습니까? 이 사람들의 문제를 해결하기 위해서 어떤 노력이 필요합니까?

2 맞벌이 가정을 위한 다양한 서비스를 소개한 글입니다. 다음을 읽고 질문에 답하십시오.

> 최근 한국 사회는 아버지 혼자 가족을 책임지던 모습에서 부부가 모두 일을 하는 맞벌이 부부의 모습으로 빠르게 변화하고 있다. '맞벌이'는 많은 장점이 있지만 아이를 돌볼 사람이 없다는 단점도 있다. 따라서 맞벌이 부부들에게 아이를 돌보는 일은 하나의 숙제와 같다. 이런 상황에서 이들 맞벌이 부부의 어려움을 덜어 주기 위해 정부도 여러 해결 방안을 내놓고 있다.
> ○○시는 맞벌이 가정의 어려움을 해소해 주기 위해 올해부터 '워킹 맘, 워킹 대디 지원 센터'의 문을 열었다. 또 이혼·미혼(한 부모) 가정의 자녀를 위한 '양육비 지원'도 시작될 예정이라고 한다. 올해 7월부터는 출산 여성들의 사회 활동을 돕는 프로그램과 산후조리원 비용을 할인해 주는 서비스도 시작된다는 반가운 소식이 있다.
> 직장에서는 남편들의 육아 휴직 기간을 늘리고, 휴직 급여도 늘릴 계획이라고 한다.

1) ○○시에서 맞벌이 가정의 문제 해결을 위해 내놓은 3가지 방법을 모두 쓰십시오.

① _____

② _____

③ _____

2) 맞으면 ○, 틀리면 ✕ 하십시오.

① 육아로 휴직한 남편들에게 급여를 올려 주기로 했다.　　　(　　　)

② 한국은 아버지 중심의 맞벌이 가족으로 바뀌고 있다.　　　(　　　)

③ 정부에서는 출산 여성의 산후조리원 비용을 무료로 해 준다.　　(　　　)

☐ 상황　　☐ 덜다　　☐ 정부　　☐ 방안　　☐ 내놓다　　☐ 해소하다　　☐ 양육비

3 대부분의 가정에서는 육아, 부부 문제, 시댁과의 갈등 등 다양한 고충을 겪습니다. 여러분의 가정에는 어떤 고충이 있습니까? 고충이 있다면 상담 센터에 여러분의 고충을 이메일로 보내 해결 방법을 물어보십시오.

고충 내용	
고충 이유	
원하는 해결 방안	

4 위의 메모한 내용을 바탕으로 상담 센터에 보내는 이메일을 써 봅시다.

100

200

300

400

500

600

700

2 야간만 아니면 괜찮아요.

1 문장을 완성하십시오.

업무		근무 기간		야간		근무 장소
	시간제		근무 시간		주당	

저는 지난주부터 아르바이트를 시작했어요.

1) <u>근무 시간</u> 은/는 오전 9시부터 오후 3시까지예요.

2) ＿＿＿＿＿＿＿ 은/는 다문화가족지원센터 앞 카페예요.

3) ＿＿＿＿＿＿＿ 이/가 아니라 주간에 일할 수 있어서 좋아요. 아이가 4시에 집에 오거든요.

4) ＿＿＿＿＿＿＿ 근무 일수는 3일이에요. 월요일, 수요일, 금요일에 일해요.

5) 제 ＿＿＿＿＿＿＿ 은/는 카페에서 주문을 받는 거예요. 카페 청소도 해요.

6) 급여는 일한 시간을 계산해서 ＿＿＿＿＿＿＿ (으)로 돈을 받아요.

7) ＿＿＿＿＿＿＿ 은/는 최소 6개월이에요. 저는 1년 이상 하고 싶어요.

2 문장을 완성하십시오.

| 접수하다 | 모집하다 | 경험 | 돌보다 | 우대하다 |

1) 아르바이트를 하면 돈을 벌면서 　**경험**　 도 쌓을 수 있다.

2) 외국인 아르바이트를 　　　　　　　는 광고를 보았다.

3) 아르바이트할 사람을 뽑을 때 외국어를 잘하면 더 　　　　　　　 가게가 많다. 최근 외국인
손님이 많이 오기 때문이다.

4) 나는 아기를 좋아해서 아기를 　　　　　　　 아르바이트를 찾고 있다.

5) 이번 주 다문화 행사에 참여할 사람은 다문화가족지원센터에 미리 신청서를

　　　　　　　 한다.

–다시피

연습 1 **문장을 완성하십시오.**

> **보기** 지금 보시는 것처럼 휴대 전화가 고장 나서 전화가 안 돼요.
> ➡ 지금 보시다시피 휴대 전화가 고장 나서 전화가 안 돼요.

1) 여러분께서도 아시는 것처럼 다음 주에 다문화 축제가 있으니까 많이 와 주세요.

   ➡ 여러분께서도 _____ 다음 주에 다문화 축제가 있으니까 많이 와
      주세요.

2) 지난번에 선생님께 말씀드린 것처럼 제가 다음 주부터 출장이 있습니다.

   ➡ 지난번에 선생님께 _____ 제가 다음 주부터 출장이 있습니다.

3) 어제 우리가 같이 이야기한 것처럼 이번 주 토요일 10시에 지하철역에서 모입니다.

   ➡ 어제 우리가 같이 _____ 이번 주 토요일 10시에 지하철역에서
      모입니다.

연습 2 **알맞게 연결하고 대화를 완성하십시오.**

1) 한국 음식을 좋아하다	•	• 가사를 거의 외우다
2) 회사에 일이 많다	•	• 거의 매일 밤을 새우다
3) K–POP을 좋아하다	•	• 거의 매일 먹다
4) 단짝이다	•	• 거의 매일 만나다

1) 가: 한국 음식을 정말 잘 먹네요.

   나: 네, 저는 한국 음식을 좋아해서 거의 매일 먹다시피 해요.

2) 가: 피곤해 보여요.

   나: 요즘 회사에 일이 많아서 _____.

3) 가: 어떻게 한국 노래를 그렇게 많이 알아요?

   나: 저는 K–POP을 좋아해서 _____.

4) 가: 흐엉 씨, 수미 씨하고 자주 만나는 것 같아요.

   나: 맞아요. 우리는 단짝이라서 _____.

연습 1 대화를 완성하십시오.

> **보기** 가: 이번 주말에 뭐 할 거예요?
>
> 나: 아마 집에서 <u>쉬든지</u> 친구를 <u>만나든지</u> 할 거예요.

1) 가: 우리 뭐 먹을까요?

　　나: 면을 ＿＿＿＿＿＿＿＿＿＿＿ 밥을 ＿＿＿＿＿＿＿＿＿＿＿ 다 좋아요.

2) 가: 밝은색 옷과 어두운색 옷 중에서 저한테 뭐가 더 어울려요?

　　나: 밝은색 옷을 ＿＿＿＿＿＿＿＿＿ 어두운색 옷을 ＿＿＿＿＿＿＿＿＿ 다 어울려요.

3) 가: 민수야, 주말인데 왜 이렇게 잠만 자고 있어?

　　＿＿＿＿＿＿＿＿＿＿＿ ＿＿＿＿＿＿＿＿＿＿＿ 하는 게 어때?

　　나: 네, 알겠어요.

연습 2 한 문장으로 완성하십시오.

> **보기** 엔젤라 씨 / 무엇을 하다 / 열심히 하다
>
> ➡ <u>엔젤라 씨는 무엇을 하든지 열심히 해요.</u>

1) 주미 씨 / 누구를 만나다 / 항상 친절하다

　➡ ＿＿＿＿＿＿＿＿＿＿＿＿＿＿＿＿＿＿＿＿＿＿＿＿＿＿＿＿＿.

2) 투 씨 / 어디에 가다 / 고향의 가족을 생각하다

　➡ ＿＿＿＿＿＿＿＿＿＿＿＿＿＿＿＿＿＿＿＿＿＿＿＿＿＿＿＿＿.

3) 우리 선생님 / 어떤 학생을 가르치다 / 언제나 최선을 다하다

　➡ ＿＿＿＿＿＿＿＿＿＿＿＿＿＿＿＿＿＿＿＿＿＿＿＿＿＿＿＿＿.

4) 미영 씨 / 무슨 음식을 먹다 / 맛있게 먹다

　➡ ＿＿＿＿＿＿＿＿＿＿＿＿＿＿＿＿＿＿＿＿＿＿＿＿＿＿＿＿＿.

~만 아니면

연습 1 문장을 완성하십시오.

보기 토요일은 시간이 없어요. 다른 요일은 시간이 있어요.
➡ 토요일만 아니면 시간이 있어요.

1) 까만색은 마음에 안 들어요. 다른 색은 다 좋아요.

➡ _____ 다 좋아요.

2) 먼 곳은 싫어요. 가까운 곳은 다 괜찮아요.

➡ _____ 다 괜찮아요.

3) 칼로리가 높은 음식을 안 먹어요. 칼로리가 낮은 음식을 다 먹어요.

➡ _____ 다 먹어요.

4) 시끄러운 노래를 안 좋아해요. 다른 노래는 다 좋아해요.

➡ _____ 다 좋아해요.

연습 2 대화를 완성하십시오.

보기 가: 어떤 영화를 좋아해요?
나: 무서운 영화만 아니면 영화는 다 좋아해요. (무서운 영화)

1) 가: 어떤 음식을 좋아해요?

나: _____ 다 잘 먹어요. (매운 음식)

2) 가: 어느 요일에 만나는 것이 편해요?

나: _____ 아무 때나 좋아요. (주말)

3) 가: 이번 연휴에 좋은 계획 있어요?

나: 아니요, _____ 여행을 갈 텐데…. (시험공부)

1 아르바이트란 어떤 뜻입니까? 여러분 나라에서도 '아르바이트'라는 말을 씁니까? 여러분은 아르바이트 정보를 어떻게 찾습니까?

2 다음을 읽고 질문에 답하십시오.

아르바이트는 독일어에서 온 말이다. 독일어로 아르바이트(Arbeit)는 '일', '노동', '근로' 등의 뜻이다. 한국에서 '아르바이트'는 매우 자주 쓰이는데 요즘에는 줄여서 '알바'라고 말하는 사람도 많아졌다.

정식으로 취업을 하지 않고 어떤 일을 짧은 기간 혹은 임시로 할 때 우리는 아르바이트를 한다고 말한다. 정해진 시간에 일을 하기 때문에 시간제(파트타임, part time)라고도 한다.

최근에 아르바이트 정보를 제공하는 사이트가 많이 생겼다. 그 사이트에 들어가 보면 얼마나 다양한 아르바이트가 있는지 알 수 있다. 하지만 아르바이트를 찾을 때는 시급, 업무, 근무 시간 등의 조건을 잘 알아보아야 한다. 아르바이트로 돈을 버는 것도 중요하지만 좋은 사회 경험을 쌓는 것도 중요하기 때문이다.

1) 맞으면 ○, 틀리면 ✕ 하십시오.

① '알바'는 '아르바이트'를 줄여서 말한 것이다. (   )

② 아르바이트는 다른 조건보다 시급이 제일 중요하다. (   )

③ 최근 아르바이트 정보를 제공하는 사이트가 많아졌다. (   )

2) 아르바이트를 찾을 때 알아보아야 할 조건에는 무엇이 있습니까? 위의 글에서 찾아 쓰십시오.

➡ _____ 등의 조건을 잘 알아보아야 한다.

☐ 노동　　☐ 근로　　☐ 혹은　　☐ 얼마나　　☐ 경험을 쌓다

3 여러분은 아르바이트 경험이 있습니까? 또는 찾고 싶은 아르바이트가 있습니까?
'아르바이트' 하면 생각나는 키워드를 자유롭게 써 보십시오. (3개 이상)

4 여러분이 경험한 아르바이트 또는 찾고 있는 아르바이트에 대해 다음 표를 완성해
보십시오. 특별한 내용이 없으면 '없음', 어떤 조건이어도 괜찮으면 '무관'이라고 쓰십시오.

	경험한 아르바이트 또는 찾고 있는 아르바이트
아르바이트 장소	
아르바이트 기간	
주당 근무 일수	일주일에 ( )일
근무 시간	하루에 ( )시간
근무 내용	
급여 조건(시급)	
우대 조건	
기타	

5 아르바이트에 대한 경험 또는 찾고 있는 아르바이트에 대해 써 봅시다.

다문화가정과 함께하는 정확한 한국어 중급 2

100

200

300

400

500

600

700

성격도 밝고 친구가 얼마나 많은지 몰라요.

1 알맞은 단어를 골라 넣으십시오.

전시회	운동회	소풍	바자회	상담	입학식

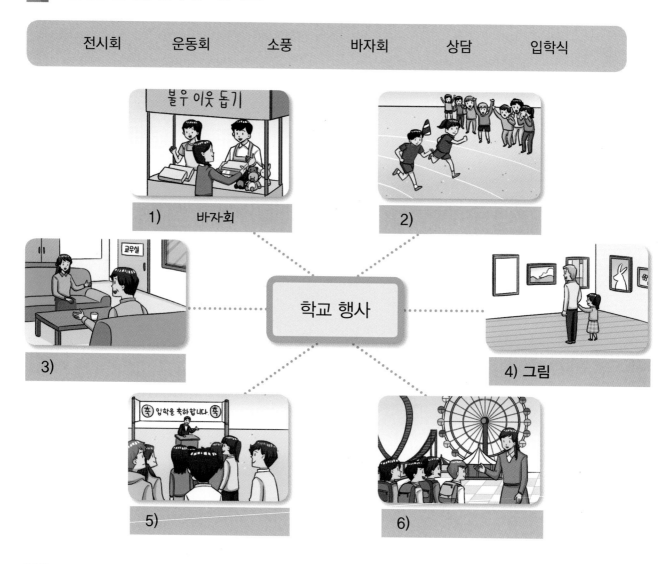

1) 바자회

2)

3)

4) 그림

학교 행사

5)

6)

2 문장을 완성하십시오.

소질	성격	적성	적응

1) 선생님, 우리 아이가 학교생활에 _____적응_____을/를 잘하는지 걱정입니다.

2) 사만나는 _____이/가 밝아서 친구들이 많아요.

3) 우리 아이가 무엇을 잘하는지 무엇에 _____이/가 있는지 모르겠어요.

4) 아이의 _____ 검사를 했는데 음악을 가르치는 것이 좋대요.

3 알맞은 단어를 골라 넣으십시오.

| 관계 | 학부모 | 직접 | 태도 | 신청서 | 급식 | 학습 |

개인 상담 1) (신청서)

1학년 2반   이름 : 사만나   2) (   ) : 엔젤 (인)

■ 상담 방법 선택 : 3) (   ) 상담, 전화 상담

■ 상담 시간 선택 : 1~3학년은 2시 이후, 4~6학년은 3시부터 가능
                          희망하는 시간에 O표 표시

신청 날짜	14:00 ~ 14:20	14:20 ~ 14:40	14:40 ~ 15:00	15:00 ~ 15:20	15:20 ~ 15:40	15:40 ~ 16:00	16:00 ~ 16:20	16:20 ~ 16:40
10월 11일				○				

■ 상담 내용

내용	상담할 내용을 간단히 적어 주시기 바랍니다.
4) 친구 ( )	친구와 잘 지내는지 상담하고 싶습니다.
5) ( ) 상황	한국어가 부족하지 않은지 알고 싶습니다.
6) 수업 ( )	수업 시간에 집중 잘하고 질문도 많이 하는지 알고 싶습니다.
기타	7) ( )을/를 잘 먹는지 알고 싶습니다.

연습1 다음 표를 완성하십시오.

-대요		-ㄴ대요		-는대요	
아프다	아프대요	가다	간대요	찾다	찾는대요
맵다		*살다		끊다	

-내요		-으내요		-내요	
싸다	싸내요	작다	작으내요	좋아하다	좋아하내요
바쁘다		좋다		먹다	

래요		이래요	
의사	의사래요	시험	시험이래요
숙제		졸업식	

연습2 자가 씨 부부와 나트 씨 부부가 이번 주말에 연극을 보기로 했습니다. 나트 씨와 자가 씨가 되어 이야기하십시오.

연극 〈지구를 지켜라〉

◆ 공연 기간: 8월 10일 ~ 10월 22일
◆ 공연 장소: C 아트센터
◆ 내용: 우리 사회의 갈등과 아픔을 해학과 풍자로 표현한 코미디
◆ 소요 시간: 100분
◆ 티켓 가격: 55,000원

자가: 남편이 연극 이름이 뭐내요.

나트: 석훈 씨가 예매했는데 연극 이름이 '지구를 지켜라'래요.

자가: 어디에서 _____?

나트: C아트센터에서 _____.

자가: 가격은 _____?

나트: 55,000원 _____.

자가: 연극은 어떤 내용인지 알아요?

나트: _____.

연습 1 알맞은 말을 골라 빈칸을 쓰십시오.

–재요		–재요	
돌아가다	돌아가재요	듣다	듣재요
보다		먹다	

–래요		–으래요	
외우다	외우래요	입다	입으래요
*열다		*걷다	

연습 2 그림을 보고 대화를 완성하십시오.

보기

추우니까 밖에 나가지 말고 집에 있어.

엄마

가: 여보세요? 사만나, 놀이터 가서 놀자.

나: 미안해. 엄마가 추우니까 밖에 나가지 말고 집에 있으랬어.

1)

시험까지 모두 열심히 노력합시다.

선생님

가: 선생님께서 방금 뭐라고 하셨어요?

나: 선생님께서 _____

_____.

2)

그림책 읽어 주세요.

딸

가: 여보, 지금 퇴근하는 길인데 뭐 사 갈 거 있어요?

나: 올 때 재미있는 그림책 좀 사 오세요. 사만나가

_____.

3)

학부모 상담은 3~5시 사이에 오세요.

아이의 담임 선생님

가: 엔젤 씨, 학부모 상담 몇 시에 갈 거예요?

나: 아직 잘 모르겠는데 선생님께서

_____.

연습 1 다음 표를 완성하십시오.

아무리 -아도		아무리 -어도		아무리 해도	
가다	아무리 가도	쉬다	아무리 쉬어도	설명하다	아무리 설명해도
찾다		*듣다		청소하다	

연습 2 대화를 완성하십시오.

덥다	늦다	피곤하다	돈이 없다

1) 가: 여보세요? 제가 조금 전에 가게에 지갑을 두고 왔어요. 몇 시까지 문을 여세요?

나: <u>아무리 늦어도</u> 9시 전까지 오세요. 9시에 문을 닫거든요.

2) 가: 이 작가가 그렇게 유명해요?

나: 네, 이번에 문학상을 받은 작가예요. _____ 이 책은 꼭 살 거예요.

3) 가: 더운데 문 좀 열면 안 돼요?

나: _____ 문을 열면 안 돼요. 밖에 모기가 너무 많거든요.

4) 가: 피곤해서 숙제 안 하고 그냥 자고 싶어요.

나: _____ 오늘 할 일은 다 하고 자야 돼요.

연습 3 노래를 듣고 빈칸에 가사를 써 보십시오.

◆ 가수: 스위트 소로(SWEET SORROW)

◆ 노래 제목 : 아무리 생각해도 난 너를

아무리 _____ 난 너를

아무리 _____ 난 너를

잊은 듯 눈 _____ 난 너를

아닌 듯 _____ 난 너를

조금만 _____ 나 너를

그렇게 아파하도록 너를

이렇게 바라보도록

쓸쓸한 눈으로 다만 웃고만 있었지

얼마나 –(으)ㄴ/는지 모르다

연습 1 다음 표를 완성하십시오.

얼마나 –(으)ㄴ지 모르다		얼마나 –는지 모르다	
성실하다	얼마나 성실한지 모르다	막히다	얼마나 막히는지 모르다
작다		찾다	

연습 2 그림을 보고 대화를 완성하십시오.

1개 5,000원

가: 요즘 사괏값이 어때요?
나: 명절 전이라 많이 올랐어요. <u>얼마나 비싼지 몰라요.</u>

1)

가: 요즘 한국 날씨가 어때요?

나: 폭염이 계속돼서 _____.

2)

가: 제주도 여행 어땠어요?

나: 남편과 같이 처음 갔는데 _____.

3)

가: 음식이 매운데 아이가 먹어도 괜찮겠어요?

나: 괜찮아요. _____.

4)

가: 쇼핑을 할까 하는데 동대문 시장은 어때요?

나: 물건도 싸고 _____.

1 여러분은 아이 학교에 상담을 하러 간 적이 있습니까? 보통 무엇에 대해 상담을 합니까?

2 아이의 학교 상담에 대한 글입니다. 다음을 읽고 질문에 답하십시오.

> 아이가 초등학교 5학년 때 저는 아이의 학교 상담을 처음 갔습니다. 제가 한국어를 잘 못해서 걱정은 됐지만 그때 제 아이가 사춘기여서 갑자기 말도 듣지 않고 여러 가지로 걱정이 되어 담임 선생님을 찾아갔습니다. 선생님을 만나 상담을 하고 나니 아이에 대해 더 잘 알게 되었습니다.
>
> 학기 초 상담이라면 선생님에게 아이에 대한 정보를 주는 것이 중요하니까 말할 내용을 적어 가면 더 좋습니다. 평소 아이의 성격, 집에서의 생활 습관, 학습 태도, 개인적인 특이점, 건강상 문제점, 교육 면에서 부탁하고 싶은 것 등 구체적으로 말하면 더 좋습니다. 이렇게 해야 선생님도 아이에 대해 잘 파악해서 지도할 수 있고 아이도 새 환경에 빨리 적응할 수 있습니다.
>
> 2학기 상담은 학습에 집중해서 하는 것이 좋습니다. 성적, 학습 태도, 진로 및 교우 관계 등을 질문하면 좋습니다.
>
> 저는 이번 상담이 아이의 진로에 대해 얘기하고 부족한 부분을 알게 된 좋은 시간이었습니다.
>
> 여러분도 학교 상담을 두려워하지 말고 용기를 내서 해 보세요.

1) 첫 상담은 왜 하게 됐는지 고르십시오.

① 아이가 걱정이 많아서

② 아이가 사춘기가 와서

③ 아이가 5학년이 되어서

④ 아이가 한국말을 못해서

2) 위의 내용과 같은 것을 <u>모두</u> 고르십시오.

① 학기 초 상담은 아이 정보에 대해 말해야 한다.

② 상담을 갈 때 질문을 적은 메모와 선물을 준비했다.

③ 상담 후에 아이가 잘 못하는 것에 대해 알게 되었다.

④ 학기 초 상담 때 선생님에게 아이의 한국어 지도를 부탁했다.

☐ 사춘기	☐ 평소	☐ 개인적	☐ 특이점	☐ 면
☐ 구체적	☐ 파악하다	☐ 지도하다	☐ 진로	☐ 용기 내다

3 다음과 같이 여러분이 한 상담이나 아이의 학교 상담 경험에 대해 메모를 하십시오.

	순서	내용 요약
처음	상담을 하게 된 계기	
중간	구체적인 상담 방법	
끝	상담 결과	

4 위의 메모를 바탕으로 여러분이 한 상담이나 아이의 학교 상담의 경험을 써 봅시다.

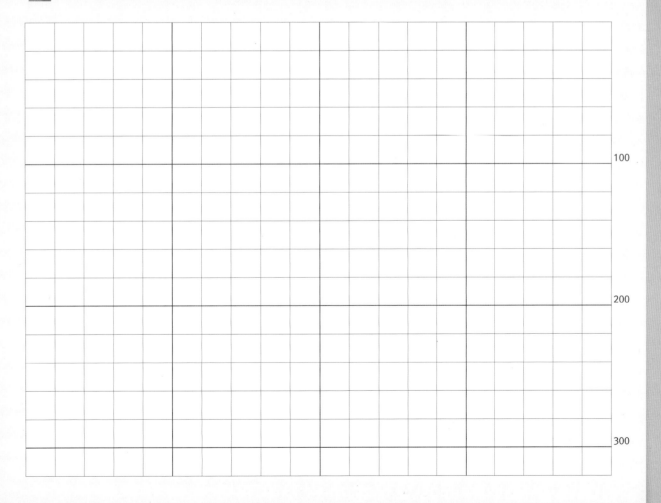

자격증이 있어야 일할 수 있나요?

1 대화를 완성하십시오.

4대 보험	이력서	신입	경력	근무 조건	증명사진
구인	문의	자기소개서	구직	상담	

1) 가: 한국에서 취업하고 싶어요. 무엇을 준비해야 해요?

　　나: 이력서, _____, _____을/를

　　　　준비하세요.

2) 가: 무엇을 보고 있어요?

　　나: 일자리를 찾고 싶어서 공고를 보고 있었어요.

　　가: 그럼 옆에 있는 공고를 봐야지요.

　　나: 뭐가 달라요?

　　가: _____은/는 직원을 구하는 회사에서 쓰는 단어이고

　　　　내가 직업을 구할 때는 _____이에요/예요.

3) 가: 네, 한국전기입니다.

　　나: 취업에 대한 _____이/가 있어서 전화드렸습니다.

　　　　제가 한국 회사에서 일한 경험이 없는데 지원할 수 있습니까?

　　가: 괜찮습니다. 경험이 없으면 _____ 사원에 지원하시면 되고

　　　　경험이 있는 사람은 _____ 사원에 지원하시면 됩니다.

4) 가: 무슨 걱정이 있어요?

　　나: 네, 취업하고 싶은데 마음에 드는 곳을 못 찾았어요.

　　가: 그럼 취업 센터에서 _____해 보세요.

　　　　원하는 _____을/를 말하면 마음에 드는 곳을 소개해 줄 거예요.

5) 가: _____이/가 뭐예요?

　　나: 국민연금, 건강 보험, 고용 보험, 산재 보험 4가지인데요.

　　　　한국에서 직장인이 되면 가입되는 거예요.

2 다음을 알맞게 연결하십시오.

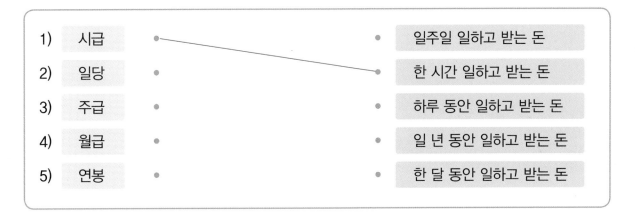

1) 시급 • —————— • 일주일 일하고 받는 돈
2) 일당 • —————— • 한 시간 일하고 받는 돈
3) 주급 • • 하루 동안 일하고 받는 돈
4) 월급 • • 일 년 동안 일하고 받는 돈
5) 연봉 • • 한 달 동안 일하고 받는 돈

3 문장을 완성하십시오.

| 자격증을 따다 | 사전 교육을 받다 | 컴퓨터 프로그램을 잘 다루다 |
| 통역을 하다 | 시험에 합격하다 | |

1) 영어도 잘하고 한국어도 잘하니까 **통역을 하면** 좋을 것 같아요.

2) 일을 시작하기 전에 의료 용어에 대한 _____.

3) 중학교나 고등학교에서 선생님으로 일하려면 교사 임용 _____.

4) 흔글과 엑셀(Excel) 등 _____ 사무실에서 일하는 직업을 찾아 보세요.

5) 바리스타 _____ 커피숍에서 일하고 싶어요.

연습 1 문장을 바꾸십시오.

> **보기** 예약해야 해요.
>
> ➡ <u>예약하지 않으면 안 돼요.</u>

1) 지금 당장 출발해야 해요.

   ➡ _____.

2) 어른에게 존댓말을 써야 해요.

   ➡ _____.

3) 구두를 사기 전에 꼭 신어 봐야 해요.

   ➡ _____.

4) 운전하려면 운전면허증을 꼭 따야 합니다.

   ➡ _____.

연습 2 대화를 완성하십시오.

> **보기** 가: 한국어를 잘하려면 어떻게 해야 하나요?
>
> 나: 꾸준히 <u>연습하지 않으면 안 돼요</u>. (연습하다)

1) 가: 한국에서 미용사로 일하려면 무엇이 필요하나요?

   나: 먼저 _____. (자격증을 따다)

2) 가: 연휴 때 기차로 여행 가고 싶어요.

   나: 여행 전에 기차표를 _____. (예매하다)

3) 가: 오늘 저녁에 영화 볼까요?

   나: 미안해요. 이 일을 오늘까지 _____. (끝내다)

4) 가: 나중에 수술해도 되나요?

   나: 나빠지기 전에 _____. (수술하다)

연습 1 다음 표를 완성하십시오.

–ㄴ 반면(에)		–은 반면(에)		–는 반면(에)	
비싸다	비싼 반면(에)	많다	많은 반면(에)	가다	가는 반면(에)
크다		좋다		먹다	
*힘들다		*덥다		읽다	

연습 2 문장을 완성하십시오.

보기 이 자동차는 비싸다 / 아주 튼튼하다

➡ 이 자동차는 비싼 반면에 아주 튼튼해요.

1) 그 사람은 일하는 속도가 빠르다 / 가끔 실수하다

➡ _____ .

2) 그 사람은 영어를 잘하다 / 중국어를 못하다

➡ _____ .

연습 3 대화를 완성하십시오.

보기 가: 지하철이 어때요?

나: 지하철은 빠른 반면에 출퇴근 시간에는 좀 복잡해요.

1) 가: 나트 씨, 요즘 한국말 공부가 어때요?

나: 말하기는 _____ 쓰기는 아직 잘 못해요.

2) 가: 신용 카드가 있어서 편한 것 같아요.

나: 그런데 신용 카드가 _____ 소비를 많이 하게 되는 것 같아요.

3) 가: 새로 이사 간 집이 어때요?

나: 회사는 _____ 아이들 학교는 가까워요.

연습 1 한 문장으로 완성하십시오.

> **보기** 자주 운동하다 / 건강해질 수 있다
>
> ➡ <u>자주 운동해야 건강해질 수 있어요.</u>

1) 스트레스가 적다 / 건강할 수 있다

   ➡ _____.

2) 여섯 시가 되다 / 퇴근할 수 있다

   ➡ _____.

3) 돈을 아껴 쓰다 / 집을 마련할 수 있다

   ➡ _____.

4) 열심히 준비하다 / 회사에 취직할 수 있다

   ➡ _____.

연습 2 대화를 완성하십시오.

> **보기** 가: 어떻게 하면 한국말을 잘할 수 있어요?
>
> 나: <u>날마다 연습해야</u> 잘할 수 있어요.

1) 가: 어떻게 하면 그 식당에서 식사할 수 있어요?

   나: _____ 식사할 수 있어요.

2) 가: 어떻게 하면 건강을 회복할 수 있어요?

   나: _____ 건강을 회복할 수 있어요.

3) 가: 어떻게 하면 통역 일을 할 수 있어요?

   나: _____ 통역 일을 할 수 있어요.

1 구인 공고가 무엇입니까? 구인 공고에는 어떤 내용이 있습니까?

2 직원을 모집하는 구인 공고입니다. 다음을 읽고 질문에 답하십시오.

문화식당 직원 모집

문화식당에서 직원을 모집합니다. (아르바이트 가능)

- 위치: 다문화가족지원센터 건너편

- 근무 시간: 직원 8시~15시
  점심시간 12시~13시
  아르바이트 17시~22시 (시간 조절 가능)

- 급여: 직원 월 150만 원, 아르바이트 시급 7,000원

- 조건: 직원 한 달 4회 휴일, 4대 보험, 식사 제공, 초보자 가능

- 문의: 02-123-4567, 010-1234-5678
  오전 11시부터 오후 2시까지는 바빠서 전화 못 받으니까
  문자로 연락 주세요.

1) 위의 내용과 같은 것을 고르십시오.

① 직원은 한 달에 4일을 쉰다.
② 일하는 시간을 바꿀 수 없다.
③ 아르바이트를 하면 하루에 7,000원을 받는다.
④ 문화식당에서 일하려면 경험이 있어야 한다.

2) 12시에 식당에 문의하려면 어떻게 해야 합니까?

➡ _____

건너편   초보자

3 여러분은 한국에서 취업하고 싶습니까? 어떤 조건으로 일하고 싶은지
다음 질문에 답하십시오.

1	어떤 일을 하고 싶습니까? 3가지를 써 보세요.	
2	어떤 지역에서 일하고 싶어요?	
3	하루에 얼마나 일하고 싶어요?	
4	한 달에 얼마나 일하고 싶어요?	
5	한 달에 얼마를 벌고 싶어요?	
6	매일 일하고 싶어요? 아니면 가끔 일하고 싶어요?	

4 여러분의 경력은 어떻습니까? 다음 질문에 답하십시오.

1	자격증이 있어요? 어떤 자격증을 가지고 있어요?	
2	토픽(TOPIK) 증명서가 있어요?	
3	한국에서 일한 적이 있어요?	
4	왜 일을 하려고 해요?	
5	취업 교육을 받은 적이 있어요?	

5 위의 내용을 바탕으로 구직 신청서를 작성해 봅시다.

외국인 구직 신청서

구직 등록 번호		상담자		

①성명(영어)		②성별		
③국적		④생년월일		
⑤여권 번호		⑥입국 일자		사 진 (3.5cm×4.5cm)
⑦외국인 등록 번호				
⑧연락처	본국 주소	(전화)		
	국내 주소	(전화)		
	휴대폰 번호			

희망취업조건	우선순위	⑨희망 업종	⑩희망 직종	⑪희망 직무 내용
	1			
	2			
	3			
	⑫희망 근무 지역	1.( )시 · 도 ( )군 · 구	2.( )시 · 도 ( )군 · 구	무관 □
	⑬희망 임금 또는 보수 형태 금액	월급 □	월평균 ( ) 만 원 이상 (연간 총액÷12)	
		주급 □	주 ( ) 만 원 이상	
		일급 □	일당 ( ) 원 이상	
		시급 □	시간당 ( ) 원 이상	
	⑭기타 희망 사항(근무 가능 기간 및 시간 등)			

이력 및 경력 사항	⑮학력/전공 (본국)		⑯자격 면허 (본국 등)	1				
				2				
				3				
	⑰언어 능력	1. 한국어 상□ 중□ 하□	2. 영어 상□ 중□ 하□	3. ( )어 상□ 중□ 하□				
	⑱국내 경력	사업체명	업종	직종	직무 내용(직책)	근무 기간	월 임금(보수)	
	⑲구직 신청 사유							

⑳취업 교육 이수 확인	□ 이수(이수 일자: . . .) □ 미이수
상담 사항	

위에 기재한 사항은 사실과 틀림이 없음을 확인합니다. ○○○○년 ○○월 ○○일 신청인 (서명 또는 인)	수수료
	없음

※ 구비 서류
1. 여권 사본
2. 외국인 취업 교육 수료증 사본

 **한국어 말하기 연습을 더 많이 할걸 그랬어요.**

1 여러분은 회사에 취업하려고 합니다. 회사에서 온 문자 메시지를 잘 읽고 빈칸에 알맞게 쓰십시오.

서류	수험표	서류 전형	면접 전형
최종 합격	대기 장소	합격	불합격	면접 대상자

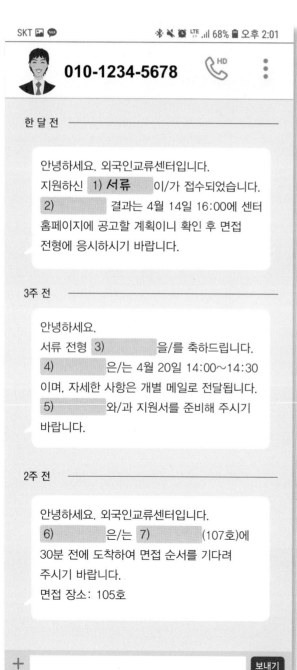

SKT 📷 📞   ❋ 🔇 ⏰ LTE ᴴᴰ .ɪɪl 68% 🔋 오후 2:01

👤 **010-1234-5678**   📞 ᴴᴰ   ⋮

한 달 전 ——————

> 안녕하세요. 외국인교류센터입니다.
> 지원하신 1) **서류** 이/가 접수되었습니다.
> 2) _____ 결과는 4월 14일 16:00에 센터
> 홈페이지에 공고할 계획이니 확인 후 면접
> 전형에 응시하시기 바랍니다.

3주 전 ——————

> 안녕하세요.
> 서류 전형 3) _____ 을/를 축하드립니다.
> 4) _____ 은/는 4월 20일 14:00~14:30
> 이며, 자세한 사항은 개별 메일로 전달됩니다.
> 5) _____ 와/과 지원서를 준비해 주시기
> 바랍니다.

2주 전 ——————

> 안녕하세요. 외국인교류센터입니다.
> 6) _____ 은/는 7) _____ (107호)에
> 30분 전에 도착하여 면접 순서를 기다려
> 주시기 바랍니다.
> 면접 장소: 105호

＋ _____ 보내기

SKT 📷 📞   ❋ 🔇 ⏰ LTE ᴴᴰ .ɪɪl 68% 🔋 오후 2:01

👤 **010-1234-5678**   📞 ᴴᴰ   ⋮

오늘 ——————

> 안녕하세요.
> 외국인교류센터에 지원해 주셔서 감사합니다.
> 아쉽게도 이번 채용에 8) _____ 되었음을
> 알려드립니다.

SKT 📷 📞   ❋ 🔇 ⏰ LTE ᴴᴰ .ɪɪl 68% 🔋 오후 2:01

👤 **010-8765-4321**   📞 ᴴᴰ   ⋮

오늘 ——————

> 안녕하세요.
> 외국인교류센터에 9) _____ 을/를
> 축하드립니다. 자세한 내용은 개별 메일로
> 연락드리겠습니다.

2 여러분은 회사에 지원해 봤습니까? 다음 사람들의 감정이 어떤지 추측해 보십시오.

자신 있다	아쉽다	부럽다	후회되다	간절하다	긴장되다

		상황	감정
1)		한국 회사에 지원 서류를 냈어요. 1년 동안 취업 준비를 했기 때문에 이번에는 꼭 붙을 수 있을 것 같아요.	자신 있다
2)	← 면접	면접을 보기 위해서 면접 대기 장소에서 기다리고 있어요. 실수를 할까 봐 걱정이 돼서 땀이 나고 떨려요.	
3)	한국어	서류 전형은 붙었는데 면접 전형에서 떨어졌어요. 한국어 말하기 연습을 많이 안 해서 떨어진 것 같아요. 다음에는 한국어 연습을 더 많이 할 거예요.	
4)		지난주에 면접을 보고 왔어요. 꼭 최종 합격했으면 좋겠어요.	
5)		1차 서류 전형도 붙고, 2차 필기시험도 붙었는데 3차 최종 면접 전형에서 떨어졌어요. 조금만 더 열심히 하면 붙었을 것 같아요.	
6)		회사에 다니고 있는 사람들이 모두 좋아 보여요. 저도 꼭 저 사람들처럼 되고 싶어요.	

3 여러분은 언제 위와 같은 감정을 느낍니까? 이야기해 보십시오.

연습1 **알맞게 연결하고 대화를 완성하십시오.**

제안이나 조언의 근거	제안/조언
1) 더 연습하면 익숙해지다	엄마는 쉬세요.
2) 공사가 끝나면 조용해지다	걱정하지 마세요.
3) 오늘은 제가 청소를 하다	조금 기다려 보세요.

1) 가: 어제 배운 문법이 어려워요.

　　나: 더 연습하면 <u>익숙해질 테니까</u> 걱정하지 마세요.

2) 가: 요즘 공사 때문에 학교 앞이 시끄러워요.

　　나: 불편하겠네요. 공사가 끝나면 ＿＿＿＿＿＿＿＿＿＿＿ 조금만 기다려 보세요.

3) 가: 청소를 못해서 집이 엉망이네…….

　　나: 오늘은 제가 ＿＿＿＿＿＿＿＿＿＿＿ 엄마는 쉬세요.

연습2 **문자 메시지를 쓰십시오.**

민수 씨, 제가 지금 회의 중이에요. 나중에 제가 전화할게요. 그러니까 기다려 주세요. 근무 시간에는 바쁠 것 같아요. 그러니까 제가 퇴근 시간 후에 전화드릴게요.

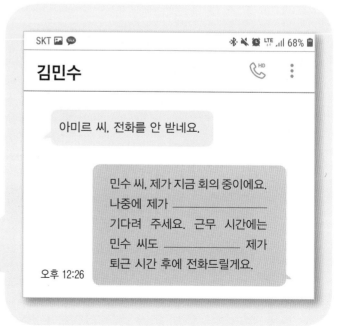

SKT 🖼 💬　　　　　　　⁕ 🔇 ⏰ LTE 📶 68% 🔋

김민수　　　　　　📞ᴴᴰ　⋮

아미르 씨, 전화를 안 받네요.

민수 씨, 제가 지금 회의 중이에요.
나중에 제가 ＿＿＿＿＿＿
기다려 주세요. 근무 시간에는
민수 씨도 ＿＿＿＿＿＿ 제가
퇴근 시간 후에 전화드릴게요.

오후 12:26

-(으)ㄹ걸 그랬다

연습 1 대화를 완성하십시오.

> 보기 가: 약속 시간을 잊어버렸어요.
>
> 약속 시간을 메모해 놓을걸 그랬어요. (약속 시간을 메모해 놓다)
>
> 나: 네, 그러게 말이에요.

1) 가: 새 신발이에요? 예쁘네요.

　나: 지난주에 샀어요. 그런데 오늘 오는 길에 똑같은 신발인데 더 싼 것을 발견했어요.

　_____. (비교해 보고 사다)

2) 가: 스미스 씨, 부모님께서는 건강하시지요?

　나: 아니요, 아버지께서 건강이 좀 나빠지셨어요.

　평소에 술을 많이 드셨거든요. _____.

　(못 드시게 하다)

3) 가: 나레카 씨, 혼자 사니까 좋아요?

　나: 네, 편하고 좋은데 요리를 못해서 좀 불편해요.

　시간이 있을 때 요리를 좀 _____. (배워 두다)

4) 가: 어제 본 영화 어땠어요?

　나: 그저 그랬어요. _____. (다른 영화를 보다)

5) 가: 와! 길이 너무 막히네요.

　나: 좀 더 일찍 _____. (출발하다)

6) 가: 성수기도 아닌데 비행기표 값이 너무 올랐네요.

　나: 미리 _____. (예매하다)

–았/었더라면

연습 1 다음 상황을 보고 후회되는 것을 쓰십시오.

	후회되는 상황
보기	술을 많이 마셔서 건강이 나빠졌다.
1)	한국어 말하기 연습을 많이 안 해서 면접에서 떨어졌다.
2)	집에서 늦게 출발해서 기차를 놓쳤다.
3)	비행기표를 늦게 사서 비행기표를 싸게 사지 못했다.
4)	옷을 얇게 입어서 감기에 걸렸다.

보기 술을 많이 마시지 않았더라면 건강이 나빠지지 않았을 겁니다.

1) _____ .

2) _____ .

3) _____ .

4) _____ .

연습 2 그림을 보고 문장을 완성하십시오.

보기

한국어를 배우고 한국에 왔더라면 한국 생활이 힘들지 않았을 텐데.

한국어를 조금도 안 배우고 한국에 와서 한국 생활이 힘들었어요.

1)

아침에 일기 예보를 확인 안 해서 우산을 안 챙겼어요.

_____ .

2)

아내 생일인지 몰라서 생일 축하한다는 말을 안 하고 출근했어요.

_____ .

1 여러분은 자신의 선택에 늘 만족하는 편입니까? 후회하는 편입니까?
최근에 후회한 일이 있습니까?

2 다음을 읽고 질문에 답하십시오.

우리는 인생을 살면서 많은 선택을 하게 됩니다. 예를 들어 작게는 식당에서 메뉴를 고르거나, 어울리는 옷을 선택하는 것부터 크게는 자신의 직업이나 진로를 결정하는 것까지 매 순간 선택을 하면서 살아갑니다. 그리고 자신의 선택에 만족할 때도 있지만 잘못된 선택으로 후회를 하게 될 때도 있습니다.

처음부터 다른 선택을 (   ) 왜 나중에 후회를 할까요? 선택은 여러 기회 중에 하나를 갖는 대신 다른 기회를 포기하는 것이기 때문입니다. 선택한 기회에 만족하는 사람, 선택하지 않은 기회를 아쉬워하는 사람 중에서 당신은 어느 쪽입니까?

1) 맞으면 ○, 틀리면 ✕ 하십시오.

① 모든 사람은 자신의 선택에 만족한다.   (   )

② 우리는 일상생활에서 선택할 기회가 적다.   (   )

③ 선택은 여러 기회 중에서 하나를 갖는 것이다.   (   )

2) 빈칸에 알맞은 것을 고르십시오.

① 했으니까   ② 했기 때문에

③ 하는 동안에   ④ 했더라면 좋았을 텐데

3) 글의 제목으로 알맞은 것은 무엇입니까?

① 일상생활   ② 메뉴 선택

③ 옷 고르기   ④ 선택과 후회

☐ 인생   ☐ 매 순간   ☐ 살아가다   ☐ 만족하다   ☐ 잘못되다

3 '후회'에 대한 글을 써 봅시다.

1) 여러분은 후회하는 일이 있습니까? 무엇입니까? 또 그 이유는 무엇입니까?

후회하는 일	-(으)ㄹ걸 그랬어요
오늘 아침을 안 먹어서 배가 고파요.	오늘 아침을 먹을걸 그랬어요.

2) 무엇을 후회합니까? 그 이유는 무엇입니까? '후회'에 대한 자신의 경험과 생각을 써 봅시다.

> 예 살면서 가장 후회되는 일
> 일상생활에서 자주 후회하는 일
> 최근에 후회한 일

다문화가정과 함께하는 정확한 한국어 중급 2

100

200

300

400

500

600

700

6 그 회사에 합격하다니 정말 대단해요.

1 여러분은 어떤 시험에 합격하고 싶습니까? 알맞은 단어를 골라 빈칸에 쓰고 이야기해 보십시오.

한국어능력시험	요리사 자격증 시험	공무원 시험	운전면허 시험
국적 취득 시험(귀화 시험)	대학원 입학시험	대학교 입학시험	대기업 입사 시험

1)

요리사 자격증 시험

2)

3)

4)

5)

6)

7)

8)
TOPIK
Test of Proficiency in Korean

저는 대학원에 합격하고 싶어요.

저는 한국어능력시험 4급을 받았으면 좋겠어요.

다문화가정과 함께하는 정확한 한국어 중급 2

2 좋은 회사에 취직하려면 스펙을 쌓아야 합니다. 여러분 나라에서는 취직하기 위해 무엇을 준비합니까? 이야기해 보십시오.

외국어를 배우다

봉사 활동을 하다

학점을 관리하다

어학연수를 가다

자격증을 따다

인맥을 쌓다

자기소개서를 쓰다

면접을 준비하다

저는 좋은 회사에 취직하려고 외국어를 배워요.

저는 좋은 회사에 취직하려고 자격증을 땄어요.

연습 1 문장을 완성하십시오.

보기 가: 자가 씨가 <u>수업에 늦다니</u> 웬일이에요? (수업에 늦다)
　　　나: 차가 고장 나서 늦었어요.

1) 가: 민수 씨가 ＿＿＿＿＿＿＿＿＿＿＿＿＿＿＿ 믿을 수가 없네요. (시험에서 떨어지다)

　　나: 부모님이 편찮으셔서 공부를 못 했대요.

2) 가: ＿＿＿＿＿＿＿＿＿＿＿＿＿＿＿ 안 좋은 일 있어요? (혼자 술을 마시다)

　　나: 네, 요즘 취업 준비 때문에 스트레스가 많아요.

3) 가: ＿＿＿＿＿＿＿＿＿＿＿＿＿＿＿ 정말 대단해요. (이렇게 어려운 책을 읽다)

　　나: 아니에요, 그렇게 어렵지 않아요. 좀 길지만 재미있어요.

연습 2 그림을 보고 대화를 완성하십시오.

보기

아이가 3개 국어를 해요.
<u>어린아이가 3개 국어를 하다니!</u>

1)

80세에 마라톤을 완주했어요.

＿＿＿＿＿＿＿＿＿＿＿＿＿＿＿＿＿＿＿!

2)

강아지가 자전거를 타요.

＿＿＿＿＿＿＿＿＿＿＿＿＿＿＿＿＿＿＿!

3)

겨울에 바다에서 수영을 해요.

＿＿＿＿＿＿＿＿＿＿＿＿＿＿＿＿＿＿＿!

연습1 한 문장으로 완성하십시오.

> **보기**　지금까지 연습했어요. 그대로 하세요.
> ➡ 지금까지 연습한 대로 하세요.

1) 설명서에서 봤어요. 그대로 사용했어요.

　➡ _____.

2) 시어머니께서 가르쳐 주셨어요. 그대로 만들었어요.

　➡ _____.

3) 선생님이 말을 할 거예요. 그대로 쓰세요.

　➡ _____.

4) 여러분 나라의 경제에 대해서 알아요? 그대로 말해 주세요.

　➡ _____.

연습2 문장을 완성하십시오.

조언	마음	계획	약속	사실

> **보기**　엄마, 심부름을 했으니까 약속대로 컴퓨터 게임을 하게 해 주세요.

1) 여보, 회사에 일이 많아서 _____ 7월에 여행 가기는 힘들 거 같아요.
   좀 미뤄요.

2) 큰 용기가 필요했을 텐데 거짓말하지 않고 _____ 말해 줘서 고마워.

3) 의사가 담배를 끊으라고 해서 의사의 _____ 담배를 끊었어요.

4) 저는 다 잘 먹으니까 오늘 점심 메뉴는 _____ 정하세요.

–(으)ㄹ 뿐이다

연습 1 대화를 완성하십시오.

> 보기 가: 피아노를 정말 잘 치시네요.
>
> 나: 아니에요. 그저 열심히 <u>배울 뿐이에요.</u> (배우다)

1) 가: 아이를 키우는 것이 힘들지 않아요?

   나: 가끔 힘들지만 아이가 건강하게 자라는 모습을 보면 _____. (기쁘다)

2) 가: 이분이 에디 씨 여자 친구예요?

   나: 아니요. 저희는 그냥 _____. (친구이다)

3) 가: 샌드위치를 정말 좋아하나 봐요.

   나: 별로 좋아하지 않아요. 시간이 없어서 자주 _____. (먹다)

4) 가: 무슨 일이 있어요? 화난 것처럼 보여요.

   나: 아니요, 아무 일도 없어요. 조금 _____. (피곤하다)

연습 2 그림을 보고 대화를 완성하십시오.

> 보기
>
> 가: 한국어를 잘하네요. 어떻게 공부했어요?
>
> 나: 한국 드라마를 많이 <u>봤을 뿐이에요.</u>

1)

   가: 불고기를 잘 만들었네요. 요리 배웠어요?

   나: 아니에요. 요리책을 보고 _____.

2)

   가: 어떻게 다이어트에 성공했어요?

   나: 별거 없어요. 저녁마다 공원에서 _____.

1 여러분은 직업을 선택할 때 무엇을 중요하게 생각합니까?

대학생들이 직업 선택 시 가장 중요하게 여기는 조건

안정성	377명	30.5%
소득(연봉)	345명	27.9%
발전 가능성(비전)	309명	25.0%
흥미, 적성	161명	13.0%
명예	46명	3.7%
합계	1,238명	100%

2 다음을 읽고 질문에 답하십시오.

사람들이 직업을 선택할 때 가장 중요하게 생각하는 것은 무엇일까요? 중고생을 대상으로 희망 직업을 조사하면 공무원이 되고 싶다는 답변이 1위를 차지합니다. 많은 사람들이 직업의 안정성을 가장 중요하게 생각한다는 것을 알 수 있습니다.

흔히 직업을 선택할 때 돈, 명예, 재미 세 가지 중에 한 가지라도 충족되면 그 일을 계속할 수 있다고 이야기합니다. '돈'은 연봉을 말합니다. 다른 직업보다 연봉이 월등히 높다면 일이 아무리 힘들어도 그 일을 선택할 수 있다는 것입니다. '명예'는 사회적 인정을 말합니다. 사회적으로 인정을 받을 수 있다면 급여 수준이 높지 않아도 그 일을 할 수 있다는 것입니다. 마지막으로 '재미'를 생각한다는 것은 월급도 많지 않고 사회적인 명예가 없더라도 자신이 좋아하는 일이면 그 일을 계속할 수 있다는 것입니다.

여러분은 직업을 선택할 때 무엇을 가장 중요하게 생각합니까? 안정성과 연봉이 중요하기는 하지만 저는 흥미와 적성이 가장 중요하다고 생각합니다. 생계를 위해 재미없는 일을 평생 할 수는 없을 테니까요.

1) 사람들은 왜 공무원이 되고 싶어 합니까?

➡ _____ .

2) 맞으면 ○, 틀리면 ✕ 하십시오.

① 사람들은 세 가지 조건이 충족되어야 직업을 선택한다. (　　　)

② 연봉이 높지 않아도 좋아하는 일이면 그 일을 계속할 수 있다. (　　　)

☐ 차지하다　☐ 안정성　☐ 명예　☐ 충족되다　☐ 월등히
☐ 사회적　☐ 인정　☐ 생계　☐ 평생

3 여러분 나라 사람들의 직업관을 소개하려고 합니다. 다음과 같이 메모를 하십시오.

선호하는 직업과 이유	공무원 – 직업의 안정성을 중요하게 생각함
직업 선택의 기준	돈, 명예, 재미
내가 중요하게 생각하는 기준	흥미와 적성 – 재미없는 일을 평생 할 수는 없음

4 위의 메모를 바탕으로 직업 선택에 대한 글을 써 봅시다.

다문화가정과 함께하는 정확한 한국어 중급 2

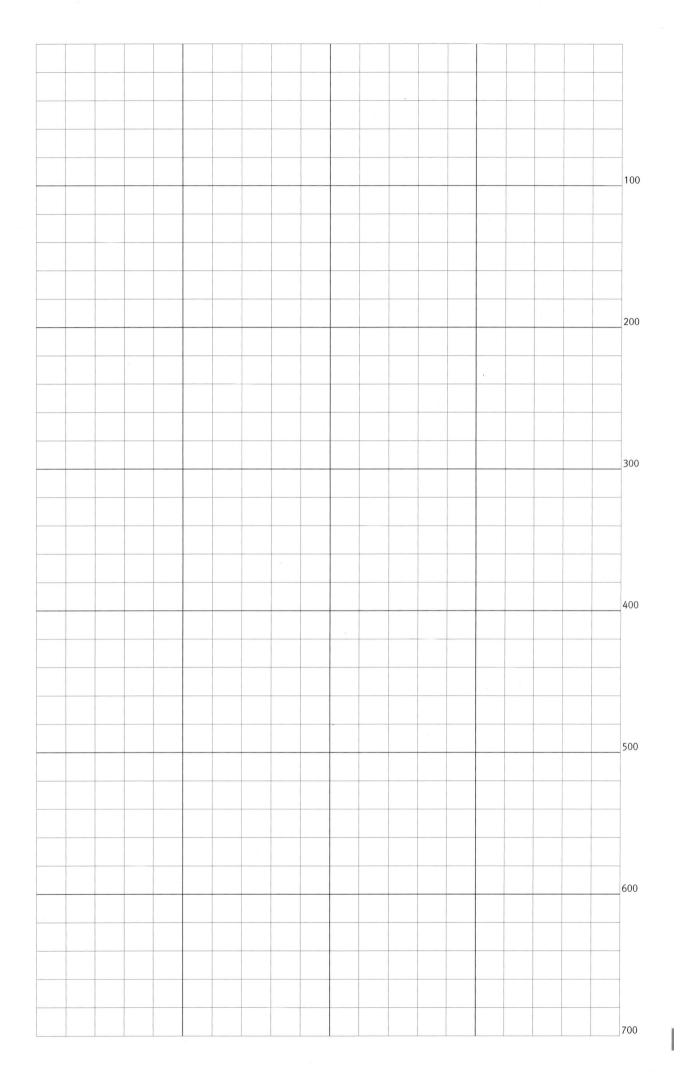

100

200

300

400

500

600

700

움직이지 말고 쉬게 하세요.

1 알맞은 단어를 골라 넣으십시오.

알약	체온	주사	연고
밴드	링거(수액)	물약	지혈

1)

___체온___ 을/를 재다

2)

_____ 을/를 붙이다

3)

_____을/를 먹다

4)

_____ 을/를 먹다

5)

_____ 을/를 맞다

6)

_____ 을/를 맞다

7)

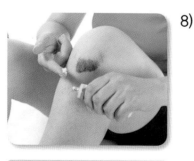

_____ 을/를 바르다

8)

_____ 을/를 하다

2 문장을 완성하십시오.

치통 염증	진통제 소화제
복통 두통	약 항생제 해열제

아픔을 느끼는 것을 통증이라고 한다. 통증에는 여러 가지가 있다. 머리가 아픈 것을

1) 두통   , 이가 아픈 것을 2)   , 배가 아픈 것을

3)   (이)라고 한다.

'-제'는 4)   (이)라는 뜻이다. 5)   은/는 열을

내리는 약이다. 고열이 있을 때 먹는다. 6)   은/는 소화가 잘 안 될

때 먹는다. 통증이 심하면 7)   을/를 먹는다.

우리 몸에 상처가 나면 상처 부위에 8)   이/가 생길 수 있다.

이것이 심해지면 위험하기 때문에 상처 부위를 깨끗하게 소독해야 한다. 또는

9)   주사를 맞기도 한다.

연습1 대화를 완성하십시오.

> 소리가 나지 않다   일찍 일어나다   손을 씻다   오래 기다리다

> **보기**   가: <u>오래 기다리게 해서</u> 정말 미안해요.
> 나: 아니에요. 저도 방금 왔어요.

1) 가: 아이가 요즘 감기에 자주 걸려요.

    나: 그러면 자주 _____.

2) 가: 여러분, 수업 시간에는 전화벨 _____.

    나: 네, 알겠습니다.

3) 가: 우리 부모님은 제가 어릴 때 일찍 자고 _____.

    나: 부모님께서 정말 좋은 습관을 만들어 주셨네요.

연습2 한국어 수업 시간에 선생님이 학생에게 무엇을 하게 합니까? 문장을 완성하십시오.

> 한국어책 / 큰 소리로 읽다   새 단어 / 외우다   모르는 것 / 질문하다
> 배운 단어 / 문장을 만들다   다른 친구 / 말하기 연습을 하다

> **보기**   선생님이 학생에게 <u>한국어책을 큰 소리로 읽게 합니다.</u>

1) 선생님이 학생에게 _____.

2) 선생님이 학생에게 _____.

3) 선생님이 학생에게 _____.

4) 선생님이 학생에게 _____.

연습 1 한 문장으로 완성하십시오.

> **보기** 감기약을 먹다 / 감기가 낫지 않다
>
> ➡ 감기약을 <u>먹었는데도</u> 감기가 낫지 않아요.

1) 중요한 약속을 메모하다 / 잊어버리다

   ➡ 중요한 약속을 ＿＿＿＿＿＿＿＿＿＿＿＿＿ 잊어버렸어요.

2) 옷을 많이 입다 / 춥다

   ➡ 옷을 많이 ＿＿＿＿＿＿＿＿＿＿＿＿＿ 춥네요.

3) 어제 일찍 자다 / 오늘 아침에 늦게 일어나다

   ➡ 어제 일찍 ＿＿＿＿＿＿＿＿＿＿＿ 오늘 아침에 늦게 일어났어요.

연습 2 문장을 완성하십시오.

	행위	좋지 않은 결과
1)	시험공부를 열심히 하다	시험을 잘 못 보다
2)	친구를 1시간이나 기다리다	친구가 오지 않다
3)	그 책을 2번 읽다	내용이 전혀 생각나지 않다
4)	어제 깨끗하게 청소하다	집이 다시 지저분해지다

1) <u>시험공부를 열심히 했는데도 시험을 잘 못 봤어요</u> ＿＿＿＿＿＿＿＿＿.

2) ＿＿＿＿＿＿＿＿＿＿＿＿＿＿＿＿＿＿＿＿＿＿＿＿＿.

3) ＿＿＿＿＿＿＿＿＿＿＿＿＿＿＿＿＿＿＿＿＿＿＿＿＿.

4) ＿＿＿＿＿＿＿＿＿＿＿＿＿＿＿＿＿＿＿＿＿＿＿＿＿.

연습 1 한 문장으로 완성하십시오.

> 보기 고향 가는 비행기표를 알아봤어요. 비행기표는 다음 달이 제일 비싸요.
> ➡ 고향 가는 비행기표를 <u>알아본 결과</u> 비행기표는 다음 달이 제일 비싸요.

1) 다문화가족지원센터에 문의했어요. 한국어 교실은 다음 주에 시작한대요.

　➡ 다문화가족지원센터에 _____ 한국어 교실은 다음 주에 시작한대요.

2) 여행 계획을 세워 보았어요. KTX로 가는 것이 제일 편할 것 같아요.

　➡ 여행 계획을 _____ KTX로 가는 것이 제일 편할 것 같아요.

3) 병원에서 건강 검진을 받았어요. 건강에 문제가 없대요.

　➡ 병원에서 건강 검진을 _____ 건강에 문제가 없대요.

연습 2 알맞게 연결하고 문장을 완성하십시오.

1) 열심히 공부하다	● ─────── ●	정신 건강이 나빠지다
2) 매일 운동하다	● ╲───── ●	시험에 합격하다
3) 스트레스를 많이 받다	●	몸이 건강해지다
4) 꾸준히 저축하다	● ●	부자가 되다

1) <u>열심히 공부한 결과 시험에 합격했어요</u>　　　　　　　　　　　　　.

2) _____.

3) _____.

4) _____.

1 여러분이나 여러분의 가족(또는 친구)이 갑자기 다친 적이 있습니까? 어디를 어떻게 다쳤습니까? 그때 어떻게 했습니까?

2 다음을 읽고 질문에 답하십시오.

응급 상황을 대비하여 지혈 방법을 알아 두면 좋다. 지혈은 피가 날 때 가장 먼저 해야 하는 일이다. 지혈을 위해서는 깨끗한 수건이나 거즈가 필요하다. 수건이나 거즈로 출혈이 있는 곳을 직접 세게 누르면서 피를 멈추게 한다.

피가 멈추면 상처 부위를 깨끗하게 하기 위해 흐르는 물에 상처를 씻어야 한다. 이때 수돗물이나 생수를 이용한다. 지혈을 할 때 주의할 점은 다음과 같다. 첫째, 지혈을 하지 않고 피가 난 곳에 가루로 된 약이나 연고를 바르면 안 된다. 둘째, 만약 상처 부위가 크고 출혈이 많다면 지혈 후에도 상처 부위를 심장보다 높게 해야 한다.

상처 부위가 매우 크다면 지혈 후에도 상처를 마른 수건으로 덮고 병원(또는 응급실)에 가는 것이 좋다.

1) 무엇에 대한 글입니까?

➡ _____ .

2) 글의 내용을 순서대로 간단히 요약해 보십시오.

상처 부위를 직접 세게 ( ).	상처 부위를 ( ).	상처 부위를 심장보다 ( ) 한다.
필요한 것: 깨끗한 수건, 거즈	필요한 것: 수돗물, 생수	

☐ 응급   ☐ 대비하다   ☐ 거즈   ☐ 출혈   ☐ 수돗물   ☐ 가루   ☐ 심장

3 다음은 진료 접수표입니다. 간단히 작성해 보십시오.

진료 접수표

환자 성명		성별		나이	세
보호자 성명		생년월일			
주소				전화번호	
증상	증상 작성 예) 고열이 있다 / 뼈가 부러졌다(골절) / 피가 나다 (출혈)······				

4 여러분의 가족(또는 친구)이 언제, 어떻게 다쳤습니까? 그때 어떤 일이 있었습니까? 응급 상황에 대한 경험을 써 봅시다.

다문화가정과 함께하는 정확한 한국어 중급 2

100

200

300

400

500

600

700

63

7과 움직이지 말고 쉬게 하세요.

8 가족관계증명서 발급 방법에 대해 물어보려고요.

1 알맞은 단어를 골라 넣으십시오.

하다	뽑다	신청하다	떼다	발급받다	내다

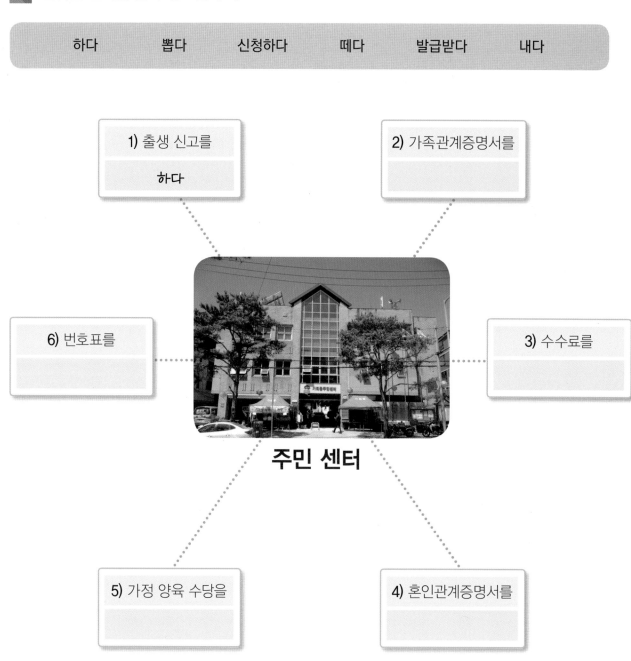

1) 출생 신고를

하다

2) 가족관계증명서를

6) 번호표를

3) 수수료를

주민 센터

5) 가정 양육 수당을

4) 혼인관계증명서를

2 문장을 완성하십시오.

가족관계증명서	출생증명서	과태료	출생 신고	출산

1) 임신 후 10달이 지나면 ___출산___ 을/를 합니다.

2) 아기를 낳으면 병원에서 아기의 _____ 을/를 발급해 줍니다.

3) 아기 _____ 은/는 한 달 이내에 해야 합니다. 이때 출생증명서와 신분증이 필요합니다.

4) 출생 신고 서류에 써야 할 것이 많습니다. _____ 이/가 있으면 서류를 쓸 때 도움이 됩니다.

5) 출생 신고를 한 달 이내에 하지 않으면 _____ 을/를 내야 합니다.

3 문장을 완성하십시오.

아이행복카드	복지 혜택	가정 양육 수당	출산 장려금

1) 사는 지역에 따라 ___복지 혜택___ 이/가 조금씩 다릅니다.

2) _____ 도 지역에 따라 다른데 보통 첫째 아이는 없고 둘째 아이를 낳을 때부터 주는 곳이 많습니다.

3) 아이를 어린이집이나 유치원에 보내지 않고 집에서 키우면 _____ 을/를 받을 수 있습니다.

4) _____ 을/를 신청하면 어린이집, 유치원 학비를 지원받을 수 있습니다.

~에 따라(서)

연습 1 다음 그림을 보고 말하십시오.

1)
여름
겨울

2)
월요일
30만 원
토요일
50만 원

3)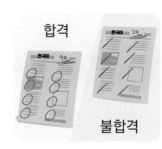
합격
불합격

계절에 따라
옷차림이 달라져요.

연습 2 대화를 완성하십시오.

나이	성격	학교	지역

1) 가: 여기 신문 좀 보세요. 지방은 집값이 진짜 싸네요.

나: <u>지역에 따라</u> 집값이 크게 차이가 나죠.

2) 가: 이 책은 여러 번 읽으면 좋대요.

나: 저도 어렸을 때 읽고 자라면서 여러 번 다시 읽었는데 ＿＿＿＿＿＿＿＿＿＿＿＿＿＿
다르게 느껴지더라고요.

3) 가: 아이들 방학은 모두 같아요?

나: 아니요. 시기와 기간은 ＿＿＿＿＿＿＿＿＿＿＿＿＿ 조금씩 달라요.

4) 가: 아이가 이번 담임 선생님을 무척 좋아해요. 선생님이 재미있대요.

나: 선생님 ＿＿＿＿＿＿＿＿＿＿＿＿＿ 반 분위기가 많이 달라지는 것 같아요.

~에 대해(서), ~에 대한 문법❷

연습 1 대화를 완성하십시오.

1) 가: 컴퓨터를 사고 싶은데 어떤 컴퓨터가 좋아요?

   나: 글쎄요, 저도 <u>컴퓨터에 대해서</u> 잘 몰라요. (컴퓨터)

2) 가: 이번에 새로 오신 부장님은 어떤 분이세요?

   나: 잘 몰라요. 저도 _____ 들은 게 전혀 없어요. (부장님)

3) 가: 이번 토요일에 사물놀이 공연 보러 갈래요?

   나: 사물놀이요? _____ 자세히 알고 싶어요. (사물놀이)

4) 가: 뭘 도와 드릴까요?

   나: 오늘 여기서 _____ 강연이 있다고 해서 왔는데 어디로 가면
   돼요? (전통 춤)

연습 2 다음에서 주제를 골라 토론해 보십시오.

행위	찬성	반대
인터넷 실명제	건전한 인터넷 문화를 만들 수 있다	인터넷 사용의 자유를 침해하다
조기 영어 교육	모어를 배우는 것처럼 무의식적으로 외국어를 습득할 수 있다	아이의 모어 능력이 제대로 발달하지 못하다
안락사	치료 가능성이 없는 환자가 더 이상 고통을 받지 않다	인간의 생명을 가볍게 생각하고 악용될 수 있다.

오늘은 '인터넷 실명제'에 대한 토론을 할 거예요.

건전한 인터넷 문화를 만들 수 있기 때문에
인터넷 실명제에 대해 찬성합니다.

인터넷 사용의 자유를 침해하기 때문에
인터넷 실명제에 대해 반대합니다.

-아/어서인지

연습 1 무엇을 하고 있어요. 이야기하고 쓰십시오.

-아서인지		-어서인지		해서인지	
떠나다	떠나서인지	떨어지다	떨어져서인지	필요하다	필요해서인지
맞다		굶다		운동하다	
보다		*슬프다		예약하다	
*바쁘다		*어렵다		청소하다	

연습 2 알맞게 연결하고 문장을 말하십시오.

1) 날씨가 춥다　　　　　　　　　　자꾸 졸리다
2) 물건을 싸게 팔다　　　　　　　　밖에 사람이 별로 없다
3) 비가 오다　　　　　　　　　　　지하철을 타는 사람이 많다
4) 어제 무리를 하다　　　　　　　　밖에 나가기 싫다
5) 아침에 눈이 내리다　　　　　　　소화가 잘 안 되다
6) 요즘 스트레스를 받다　　　　　　가게에 손님이 많다
7) 급하게 먹다　　　　　　　　　　잠을 통 못 자다

날씨가 추워서인지
밖에 사람이 별로 없어요.

3. ① 〈이직 조건〉

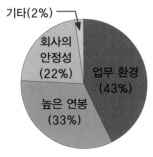

② 〈이직 조건〉

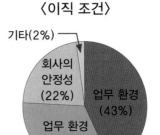

③ 〈이직 조건〉

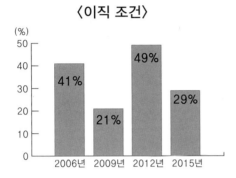

④ 〈이직 조건〉

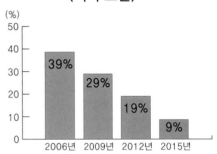

※ [4~5] 다음 대화를 잘 듣고 이어질 수 있는 말을 고르십시오. Track 02 🎧

4. ① 면접은 서류가 통과돼야 볼 수 있어요.

② 어쨌든 면접은 끝났으니까 이제 마음 놓고 좀 쉬세요.

③ 너무 긴장하지 말고 평소 하던 대로 보면 잘될 거예요.

④ 내일까지 시간이 좀 남았으니까 지금부터라도 얼른 준비하세요.

5. ① 주부들에게 딱 맞는 아르바이트네요.

② 블로그에 있는 상품평들은 믿을 만하지 않아요.

③ 살림을 반드시 여자가 해야 하는 건 아니잖아요.

④ 주부들이 아르바이트를 하고 싶어도 하지 못하는 게 안타까워요.

Track 03 🎧

6. ① 친구에게 옷을 골라 준다.

   ② 다른 옷을 골라서 입고 나온다.

   ③ 면접에 늦지 않게 시간 맞춰 나간다.

   ④ 면접에서 받을 만한 질문의 대답을 생각해 본다.

7. ① 다시 이메일을 확인해 본다.

   ② 공지 사항에서 합격자 발표를 찾아본다.

   ③ 이름과 생년월일을 홈페이지에 입력한다.

   ④ 회사 홈페이지 주소를 친구에게 알려 준다.

※ [8~9] 다음을 듣고 내용과 일치하는 것을 고르십시오. Track 04 🎧

8. ① 아이가 1세인 경우 이용이 가능하다.

   ② 2개의 장난감을 6주 동안 대여할 수 있다.

   ③ 만 원을 내면 장난감을 6개까지 대여할 수 있다.

   ④ 이 도서관에서는 어린이용 책도 대여할 수 있다.

9. ① 부모들은 의사를 가장 선호하는 것으로 나타났다.

   ② 부모들은 자녀가 안정적인 직업을 갖기를 바란다.

   ③ 자녀가 연예인이 되기를 바라는 부모는 많지 않았다.

   ④ 자녀가 원하는 직업과 부모가 원하는 직업이 차이가 있었다.

※ [10~11] 다음을 듣고 남자의 중심 생각을 고르십시오. Track 05 🎧

10.   ① 단점이 많은 사람은 취업이 어렵다.

② 면접에서는 자신감이 가장 중요하다.

③ 실패한 경험을 잘 활용하면 성공할 수 있다.

④ 실패한 경험은 빨리 잊어버리도록 노력해야 한다.

11.   ① 여자도 자신의 능력을 잘 활용할 필요가 있다.

② 아이가 초등학교에 입학하면 퇴사를 하는 게 맞다.

③ 여자가 집에서 아이와 시간을 더 많이 보내는 것이 좋다.

④ 여자는 야근과 해외 출장이 많은 직업을 가지지 않는 것이 좋다.

※ [12~13] 다음을 듣고 물음에 답하십시오. Track 06 🎧

12.   남자의 중심 생각으로 알맞은 것을 고르십시오.

① 직장이나 교육 문제는 가족 모두가 노력해야 한다.

② 부모는 자녀에게 보다 좋은 교육을 제공해야 한다.

③ 필요에 따라 가족이 떨어져 사는 것은 괜찮은 선택이다.

④ 가족이 함께 지내면서 부모의 모습을 그대로 보여 주는 게 좋은 교육이다.

13.   들은 내용으로 맞는 것을 고르십시오.

① 가족이 떨어져 사는 경우가 줄고 있다.

② 대부분의 가족은 직장 문제 때문에 떨어져 산다.

③ 자녀가 해외로 유학을 갈 경우 엄마가 혼자 남는 경우가 많다.

④ 주중에는 따로 살다가 주말에 만나는 부부를 주말부부라고 한다.

14. 남자의 생각으로 알맞은 것을 고르십시오.

　　　① 편의점 약 판매를 허용해야 한다.

　　　② 약국이 24시간 문을 열어야 한다.

　　　③ 편의점에도 의약품 전문가가 필요하다.

　　　④ 비상약은 집에 미리 준비해 두어야 한다.

15. 여자가 주장의 근거로 제시한 것은 무엇인지 고르십시오.

　　　① 의사와 약사의 조언

　　　② 편의점과 약국의 협의

　　　③ 약을 구하기 힘들었던 개인적인 경험

　　　④ 편의점에서 판매한 약으로 인한 문제의 책임

※ [16~17] 다음을 듣고 물음에 답하십시오. Track 08 🎧

16. 들은 내용과 일치하는 것을 고르십시오.

　　　① 최근 한국 사회에서 다문화가정이 감소하고 있다.

　　　② 다문화가정 자녀를 위한 맞춤 학교가 생길 예정이다.

　　　③ 다누리콜센터는 정부가 다문화가정을 위해 제공하는 서비스이다.

　　　④ 정부에서 이번에 처음으로 다문화가정 지원 서비스를 제공하기로 했다.

17. 남자의 태도로 알맞은 것을 고르십시오.

　　　① 다문화 사회의 문제점에 대해 말하고 있다.

　　　② 다문화 가족 지원 정책의 장단점을 비교하고 있다.

　　　③ 정부의 정책이 개선될 필요가 있다고 말하고 있다.

　　　④ 다문화 가족 지원 정책에 대해 긍정적으로 보고 있다.

18. 남자는 누구인지 맞는 것을 고르십시오.

    ① 의사

    ② 경찰관

    ③ 체육 선생님

    ④ 119 응급 센터 상담원

19. 들은 내용으로 맞는 것을 고르십시오.

    ① 다친 아이는 피를 많이 흘리고 있다.

    ② 이 남자는 아이의 집을 방문한 적이 있다.

    ③ 아이가 계단에서 굴러서 다리를 많이 다쳤다.

    ④ 구급차가 오기 전까지 아이에게 손을 대서는 안 된다.

20. 무엇에 대한 내용인지 맞는 것을 고르십시오.

    ① 사춘기 자녀와의 관계 개선 방법

    ② 인간관계를 위한 효과적인 대화 방법

    ③ 사춘기의 신체 변화가 성격에 미치는 영향

    ④ 가족 간의 대화가 자녀의 학교생활에 미치는 영향

21. 들은 내용으로 맞는 것을 고르십시오.

    ① 사춘기 자녀들은 변화에 적응하느라 더 예민해진다.

    ② 자녀와 대화할 때는 조언의 말을 많이 해 주는 게 좋다.

    ③ 자녀가 짜증을 낼 때는 더 엄하게 혼내지 않으면 안 된다.

    ④ 사춘기가 지날 때까지는 부모가 싸움에서 져 주는 것이 좋다.

22. 남자가 무엇을 하고 있는지 고르십시오.

　　① 행복은행의 지원 서류를 받고 있다.

　　② 시간제 근무의 문제점에 대해 비판하고 있다.

　　③ 시간제로 근무할 수 있는 곳을 추천하고 있다.

　　④ 일반 직원과 시간제 근무 직원의 차이점에 대해 비교하고 있다.

23. 들은 내용으로 맞는 것을 고르십시오.

　　① 행복은행에서 정규 직원을 모집하고 있다.

　　② 여자는 꼭 정규 직원이 되기를 희망하고 있다.

　　③ 여자는 결혼 전에 은행에서 일한 경력을 가지고 있다.

　　④ 일반 직원과 시간제 근무 직원의 근무 조건은 차이가 있다.

24. 남자의 중심 생각으로 알맞은 것을 고르십시오.

　　① 운동선수는 정신력보다는 체력이 더 중요하다.

　　② 운동선수는 다른 선수와의 경쟁을 즐겨야 한다.

　　③ 운동을 하면서 다른 취미 생활을 하는 것도 도움이 된다.

　　④ 성적이 안 좋을 때는 자신이 하는 운동에 더 집중해야 한다.

25. 들은 내용으로 맞는 것을 고르십시오.

　　① 남자의 성적은 대부분 좋은 편이었다.

　　② 남자는 어릴 때부터 운동을 시작했다.

　　③ 남자의 주변 사람들은 취미 생활을 하는 것을 말렸다.

　　④ 남자는 이번 올림픽에서 메달을 딸 것으로 기대하고 있다.

보충·복습 읽기 (1~8과)

※ (　　)에 들어갈 가장 알맞은 것을 고르십시오.

1.

야간에 하는 아르바이트는 몸은 조금 (　　　) 시급이 많은 편이라서 좋아요.

① 힘들든지　　　　② 힘든 데다가　　　　③ 힘든 반면에　　　　④ 힘들었더라면

※ 다음 밑줄 친 부분과 의미가 비슷한 것을 고르십시오.

2.

외국인이 원하는 곳에 취업을 하기 위해서는 무엇보다 어느 정도 한국어 실력을 <u>갖추어야 한다</u>.

① 갖출 뿐이다　　　　　　　　② 갖출 수 있다

③ 갖출 가능성이 없다　　　　　④ 갖추지 않으면 안 된다

※ 다음은 무엇에 대한 글인지 고르십시오.

3.

외국인 모집
직종: 통역, 번역
근무지: 강남구 논현동
급여: 시간당 7,250원
근무 기간: 3~6개월(월~금 근무)

① 예약　　　　　② 구인　　　　　③ 배달　　　　　④ 수리

※ [4~5] 다음 글 또는 그래프의 내용과 같은 것을 고르십시오.

설 연휴 응급실 방문 질환별 증가율

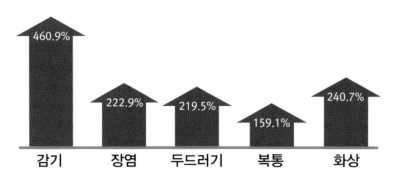

460.9%	222.9%	219.5%	159.1%	240.7%
감기	장염	두드러기	복통	화상

4. ① 설 연휴에 복통 환자가 200% 증가했다.

　　② 설 연휴에 화상 환자의 비율이 가장 많이 증가했다.

　　③ 장염 환자의 비율보다 화상 환자의 비율이 더 높다.

　　④ 설 연휴에 장염, 두드러기, 복통 환자가 두 배 정도 증가했다.

5.
〈 초등 돌봄 교실 신청 안내 〉

　1. 신청 대상: 저소득층, 한부모, 조손, 맞벌이 가정의 자녀

　2. 운영 시간: 평일 방과 후 ~ 17:00

　3. 이용 비용: 간식비 월 25,000원

　4. 제출 서류: 가족관계증명서(한부모, 조손 가정)

　　　　　　　부, 모의 재직 증명서(맞벌이 가정)

　5. 신청 기간: 1월 14일-2월 1일

① 돌봄 교실의 이용 비용은 모두 무료이다.

② 신청을 원하는 사람은 신청서만 내면 된다.

③ 돌봄 교실은 수업이 끝난 후부터 7시까지 운영된다.

④ 할머니, 할아버지와 살고 있는 아이가 신청할 수 있다.

※ 다음을 순서대로 맞게 배열한 것을 고르십시오.

6.

> (가) 우리 부부는 드디어 출생 신고를 할 수 있다는 생각에 신나는 마음으로 구청을 방문했다.
>
> (나) 아이 이름을 한자로 쓰는 칸이 있었고 아이의 이름을 한자로 생각하지 못한 우리는 그냥 집으로 돌아올 수밖에 없었다.
>
> (다) 새로 태어난 아이의 출생 신고를 위해 우리 부부는 서둘러 아기의 이름을 지었다.
>
> (라) 구청 직원은 우리에게 출생 신고서를 건네주면서 빈칸을 빠짐없이 채우라고 했다.

① (다)-(라)-(나)-(가) 　　② (다)-(가)-(라)-(나)

③ (라)-(가)-(나)-(다) 　　④ (라)-(다)-(가)-(나)

※ 다음을 읽고 (　　)에 들어갈 내용으로 가장 알맞은 것을 고르십시오.

7.

> 항상 본교에 관심을 가져 주시는 학부모님께 감사드립니다.
>
> 이번에 새 학기를 맞이하여 학교와 학부모님의 원활한 의사소통과 학교 교육에 대한 학부모님들의 이해를 높이기 위해 1학기 학부모 상담을 실시하려고 합니다.
>
> 자녀에 대한 더 깊은 이해와 자녀 교육에 대해 다시 생각해 볼 수 있는 좋은 기회이오니 (　　　) 한 분도 빠짐없이 꼭 상담에 참여해 주십시오.
>
> 상담을 희망하는 학부모께서는 신청서에 희망 날짜와 시간을 적어 담임 선생님께 제출해 주시기 바랍니다.

① 바쁘시더라도 　　② 건강하시더라도

③ 동생이 있더라도 　　④ 질문이 있으시더라도

새로 태어날 아이의 이름을 지을 때 무엇보다 가장 중요한 것은 발음이 부르기 쉬워야 하고 기억하기 쉬워야 한다는 것이다. (   ) 최근 글로벌 시대가 되면서 한국 부모들의 고민이 하나 더 늘었다. 바로 아이의 이름을 외국 사람도 발음하기 쉬운 이름으로 짓는다거나 외국 이름처럼 짓는 것이다. 이에 따라 최근 여자아이 이름으로는 사라, 수아, 지아 등이, 그리고 남자아이 이름으로는 민준, 하준, 지후 등이 인기가 있다고 한다. 이러한 현상에 대해 어떤 사람들은 아이가 어느 나라 사람인지 헷갈린다며 부정적으로 바라보는 사람도 있다. 하지만 이렇게 이름을 짓는 부모들은 아이의 미래를 위해 해 줄 수 있는 선물이라고 생각하기도 한다.

8. (   )에 들어갈 알맞은 것을 고르십시오.

① 물론

② 그런데

③ 그래서

④ 그러면

9. 윗글의 내용과 같은 것을 고르십시오.

① 아이의 미래를 위해 인기가 있을 만한 이름을 선택한다.

② 부모들은 아이 이름과 함께 미래를 위한 선물도 준비한다.

③ 아이 이름을 지을 때 이름에 어느 나라 사람인지 나타나야 한다.

④ 부모 중에 외국인도 부르기 쉬운 발음으로 아이의 이름을 짓는 사람도 있다.

※ [10~11] 다음을 읽고 물음에 답하십시오.

어릴 적부터 우리 집에서는 개를 키운 적이 없다. 나는 어른이 된 지금도 큰 개를 보면 다리가 후들후들 떨리고 손에서 식은땀을 흘려 댄다. 내가 막 초등학교에 들어갔을 때 우리 옆집에는 덩치가 나만 한 개가 두 마리 있었다. 그러던 어느 날 옆집 개들을 묶어 놓은 목줄이 풀렸고 두 마리의 개는 동네 여기저기를 뛰어다니고 있었다. 나는 그런 개들을 말려 보려고 목줄을 잡았지만 내 작은 몸집으로는 개들의 힘을 이길 수가 없어 질질 끌려가고 있었다. 그때 내 비명 소리를 듣고 달려오신 옆집 아저씨가 아니었더라면 정말 큰 사고가 날 뻔했다. 그날 이후로 나는 더욱 개의 근처에도 못 가게 되었다.

10. 밑줄 친 부분에 나타난 글쓴이의 심정으로 알맞은 것을 고르십시오.

① 무섭다

② 슬프다

③ 부끄럽다

④ 지루하다

11. 윗글의 내용과 같은 것을 고르십시오.

① 우리 집에서 키우던 개들을 옆집 아저씨가 끌고 갔다.

② 나는 개의 힘을 이기지 못해 크게 다칠 뻔한 경험이 있다.

③ 나는 시간이 날 때마다 개의 목줄을 풀고 같이 뛰면서 놀았다.

④ 우리 집에서는 내가 초등학생일 때부터 개를 키우기 시작했다.

※ 다음 신문 기사의 제목을 가장 잘 설명한 것을 고르십시오.

12.

> 심각한 청년 취업난 속, 경력 없는 대졸자 취업, 낙타가 바늘구멍 통과하기

① 대졸자는 경력이 없어도 취업하는 데 상관없다.

② 대졸자 가운데 특히 경력이 없는 사람의 취업이 더 어렵다.

③ 취직을 원하는 청년들은 동물을 키우는 경력을 쌓는 것이 좋다.

④ 취직이 어렵기 때문에 경력이 없는 대졸자는 바늘구멍을 통과해야 취업한다.

※ 다음을 읽고 (   )에 들어갈 내용으로 가장 알맞은 것을 고르십시오.

13.

> '위로'라는 말의 의미를 사전에서 찾아보면 '따뜻한 말이나 행동으로 상대방의 슬픔이나 괴로움을 달래 주는 일'이라고 되어 있다. 그렇기 때문에 사람들은 힘든 일을 겪은 사람을 보면 그 사람을 위해 무언가를 해 주어야 한다고 생각한다. 그러나 힘든 일을 겪은 사람을 위로하는 것은 생각보다 쉬운 일이 아니다. 그래서 사람들은 상대방을 위로할 방법을 찾지 못해 흔히 "무슨 말을 해야 할지, 어떻게 해 주어야 할지 모르겠어."라고 한다. 하지만 정신과 전문의들은 우리가 상대방을 위로하는 가장 좋은 방법은 그냥 (   ) 것이라고 한다. 그것은 상대방이 힘든 부분에 대해 이야기하는 동안 자신의 힘든 감정을 정리할 수 있기 때문이라고 한다.

① 사실을 말해 주는

② 이야기를 들어 주는

③ 좋은 선물을 해 주는

④ 다른 사람들을 소개해 주는

※ 다음을 읽고 내용이 같은 것을 고르십시오.

14.

　　2018년의 최저 임금은 7,530원으로 결정되었다. 최저 임금은 국가가 국민의 안정적인 생활을 위해 임금의 최저 수준을 정하는 것이다. 최저 임금은 매년 물가 인상 정도를 고려하여 결정된다. 이것이 정해지면 직원이 1명 이상인 사업장에서는 모든 직원에게 최저 임금 이상의 임금을 지급해야 하며 임금이 최저 임금보다 적을 때는 신고할 수 있다.

① 최저 임금은 사업장의 크기에 따라 국가가 결정한다.

② 최저 임금은 사업장의 안정적인 성장을 위해 국가에서 정하는 것이다.

③ 자신의 임금이 최저 임금보다 적으면 부족한 금액을 국가에 신청할 수 있다.

④ 사업장에서는 직원이 한 사람 이상이면 최저 임금 이상의 임금을 주어야 한다.

※ 다음 글의 주제로 가장 알맞은 것을 고르십시오.

15.

　　청년 실업 문제가 심각해지면서 기업의 선택을 기다리기보다는 직접 자신의 사업을 하는, 창업을 선택하는 청년들이 늘고 있다. 그러나 청년들의 경우 사업을 시작할 때 필요한 자금이 충분하지 않기 때문에 월세가 비싼 곳보다는 조금은 낙후된 곳에서 사업을 시작하는 경우가 많다. 그런데 이러한 청년들이 낙후되었던 지역에 들어오면서 그 지역에 손님도 많아지고 장사가 잘 되지 않던 상가가 발전하는 경우가 늘고 있다. 이런 다양한 장점이 있는 만큼 취업이 되지 않아 어떻게 하나 싶다면 창업에도 관심을 가져 볼 만하다.

① 청년들은 창업을 할 때 조금은 낙후된 곳에서 시작할 필요가 있다.

② 청년 실업 문제가 심각하기 때문에 상황이 나아질 때까지 기다리는 게 좋다.

③ 청년 창업은 긍정적인 측면이 많이 있으므로 창업에도 더욱 관심을 가져야 한다.

④ 낙후된 지역에서는 상가의 발전을 위해 청년들에게 무료로 창업 기회를 주어야 한다.

※ 다음 글에서 〈보기〉의 글이 들어가기에 가장 알맞은 곳을 고르십시오.

16.

> '아는 것이 힘이다.'라는 말이 있다. (　ㄱ　) 이 말은 오랫동안 많은 사람들에게 지식을 쌓는 것, 정보를 습득하는 것이 중요하다는 생각을 갖게 했다. 하지만 아는 것이 정말 힘이 될까? (　ㄴ　) 요즘 현대인들은 오히려 너무 많이 알아서 정신적으로 스트레스를 받는 경우도 많은 것 같다. (　ㄷ　) 그래서 차라리 '모르는 게 약'이라는 생각이 들기도 한다. (　ㄹ　)

────── 〈보 기〉──────

오히려 아는 것이 병이 되기도 하는 것이다.

① ㄱ　　　　　② ㄴ　　　　　③ ㄷ　　　　　④ ㄹ

※ [17~18] 다음을 읽고 물음에 답하십시오.

> 나는 성격이 급해서 걸음걸이도 빠른 편이다. 그날 아침에도 회사 출근 시간에 늦지 않기 위해 빠른 걸음으로 서둘러 걷고 있었는데 앞에 너무 천천히 걷는 사람이 있는 것이었다. 한 손에는 커피를 들고 느긋하게 거리를 구경하면서 걷고 있는 그 모습이 얄미워 일부러 걸어가는 척하면서 그 사람을 툭 쳤다. 그러자 그 사람은 나를 <u>빤히 쳐다봤다</u>. 하지만 나는 그냥 고개만 까딱하고 지나쳐 버렸다. 사건은 그날 저녁에 일어났다. 계단을 내려오다가 발을 헛디뎌 발목을 다치고 만 것이다. 한동안 불편한 다리로 고생을 하면서 왠지 며칠 전 아침에 부딪혔던 사람이 떠올랐다. 내가 모르는 사람에게 못되게 굴어서 벌을 받은 것 같기도 했다.

17. 밑줄 친 부분에 나타난 사람의 심정으로 알맞은 것을 고르십시오.

① 기쁘다　　　② 불쾌하다　　　③ 불안하다　　　④ 걱정스럽다

18. 윗글의 내용과 같은 것을 고르십시오.

① 나는 부딪힌 사람에게 정중하게 사과했다.

② 나는 나보다 빨리 걷는 사람을 보면 짜증이 난다.

③ 내 앞 사람이 일부러 천천히 걸으면서 길을 막았다.

④ 내 앞 사람은 커피를 들고 길을 구경하면서 걷고 있었다.

※ [19~20] 다음을 읽고 물음에 답하십시오.

> 한 어린이가 경찰관들의 도움으로 생명을 구한 소식이 전해져 화제가 되고 있다. 부산의 한 대학 병원에서 심장 치료를 받던 어린이의 상태가 갑자기 나빠지는 일이 발생했다. 급하게 수술을 해야 하는 상황이었지만 병원에 준비된 혈액이 부족해 수술이 시작되지 못하고 있었다. 게다가 이날은 (   ) 다른 병원에서 혈액을 구할 수도 없었다. 다행히 이 소식을 들은 경찰관 12명이 자신들의 피를 모아다가 전해 주는 헌혈에 나섰다. 그 혈액 덕분에 어린이 환자는 무사히 수술을 마칠 수 있었다. 이번 수술은 성공적으로 끝났지만 앞으로 병원에서는 급하게 수술에 필요한 혈액을 빨리 찾아서 제공할 수 있는 방법을 찾기로 하였다.

19. 위 글의 주제로 알맞은 것을 고르십시오.

① 경찰관들은 힘든 환자들을 더 적극적으로 도와야 한다.

② 병원은 수술에 필요한 혈액을 안정적으로 구할 방법을 찾아야 한다.

③ 환자들이 쉽게 수술을 받을 수 있도록 혈액을 무료로 제공해야 한다.

④ 병원은 상태가 좋지 않은 환자들을 위해 1년 365일 문을 열어야 한다.

20. (   )에 들어갈 내용으로 가장 알맞은 것을 고르십시오.

① 휴일이었기 때문에

② 은행이 문을 열지 않아서

③ 수술할 의사가 없었기 때문에

④ 경찰서가 문을 닫는 날이라서

※ **[21~22] 다음 글을 읽고 물음에 답하십시오.**

  돈도 벌고 특별한 경험도 할 수 있는 이색 아르바이트가 각광을 받고 있다. (㉠) 그 아르바이트는 옛날 한국인들이 생활했던 모습을 그대로 보여 주는 곳인 민속촌에서 하는 것이다. (㉡) 아르바이트생들은 '거지, 귀신, 사또, 포졸, 점쟁이' 등의 역할을 맡아 분장을 하고 정해진 시간 동안 민속촌 곳곳에서 입장객을 만나게 된다. (㉢) 이에 따라 민속촌에서는 가장 적당한 사람을 뽑기 위해 오디션까지 진행할 예정이라고 한다. (㉣) 최근에는 아르바이트도 경력 사항이 될 수 있기 때문에 배우나 개그맨이 되려고 하는 젊은이들 사이에서 더 경쟁이 치열할 것으로 보인다.

---

21. 위 글에서 〈보기〉의 글이 들어가기에 가장 알맞은 곳을 고르십시오.

〈 보 기 〉

  이 일은 비교적 덜 힘들고 즐기면서 할 수 있다는 입소문이 나면서 젊은 지원자들에게 큰 인기를 끌고 있다.

① ㉠   ② ㉡   ③ ㉢   ④ ㉣

22. 위 글의 내용과 같은 것을 고르십시오.

    ① 이 아르바이트는 서류 심사로 뽑는다.

    ② 최근에는 아르바이트도 경력으로 인정받을 수 있다.

    ③ 이 아르바이트를 하려면 그 역할에 어울리는 외모가 중요하다.

    ④ 이 아르바이트는 힘들지만 재미있어서 젊은 사람들에게 인기가 있다.

※ [23~25] 다음 글을 읽고 물음에 답하십시오.

> 미국 존스 홉킨스 병원 재활의학과 전문의인 이승복 박사의 사연이 사람들에게 큰 감동을 주고 있다. 그는 원래 체조 선수였는데 불의의 사고로 전신 마비 환자가 되었다. 그때 그는 하늘이 무너지는 것 같고 신이 자신을 버린 것 같은 심정이었다고 한다. 그러던 중 <u>백혈병을 이겨 낸 하워드 러스크 박사의 책을 읽고 자신이 얼마나 바보 같은 생각을 했는지 깨닫게 되었다고 한다.</u> 지금은 건강을 회복하고 큰 병원의 의사가 되었다. 그리고 병원 재활의학과 의사로서 많은 환자를 도우며 치료하는 삶을 살고 있다. 이승복 박사는 이렇게 (   )을 아주 기쁘게 생각한다고 말했다.

23. 위 글을 쓴 목적으로 알맞은 것을 고르십시오.

① 힘든 일을 겪으면서 한 일을 설명하기 위해

② 어려운 일을 극복한 사람의 생활을 분석하기 위해

③ 힘든 주변 사람들을 도울 필요성을 제기하기 위해

④ 생각을 바꿔 어려운 일을 극복할 수 있음을 알리기 위해

24. (   )에 들어갈 내용으로 가장 알맞은 것을 고르십시오.

① 환자들을 위해 연구하게 된 것

② 아픈 사람들과 함께 운동하는 것

③ 사람들에게 선물을 나눠 주는 것

④ 힘든 사람들에게 희망을 주게 된 것

25. 밑줄 친 부분에 나타난 필자의 태도로 알맞은 것을 고르십시오.

① 자신이 겪은 일에 대해서 말할 것을 요구하고 있다.

② 자신의 상황에 대해 좌절하지 말 것을 강조하고 있다.

③ 병을 이겨낸 사람의 수기를 읽는 것을 추천하고 있다.

④ 포기하지 않고 긍정적인 생각을 한 것을 높이 평가하고 있다.

9 문제가 해결되지 않는 한 더 이상 일을 못 해요.

1 다음 상황에 알맞은 단어를 쓰십시오.

| 폭언 | 부당 해고 | 임금 체불 | 계약 불이행 |

1) **임금 체불**

사장님이 이번 달에도 월급을 못 준다고 했어요.
돈을 두 달이나 못 받았어요. 월급이 두 달째
밀렸어요.

2)

사장님이 자꾸 30분 일찍 와서 준비하라고 해요.
그리고 끝나는 시간에도 30분 더 일하고 가라고
해요. 처음 계약한 것과 달라요.

3)

회사에서 제가 실수할 때 부장님이 소리를
지르면서 나쁜 말을 해요.

4)

저는 중국어 선생님으로 일하는데 어제 갑자기
문자로 그만두라는 연락을 받았어요.

2 알맞게 연결하십시오.

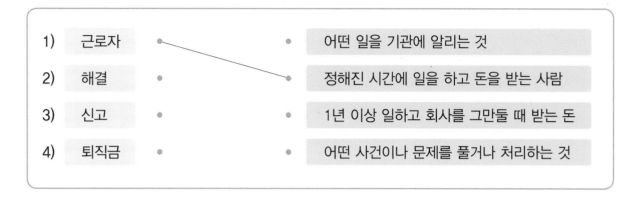

1)	근로자	•	• 어떤 일을 기관에 알리는 것
2)	해결	•	• 정해진 시간에 일을 하고 돈을 받는 사람
3)	신고	•	• 1년 이상 일하고 회사를 그만둘 때 받는 돈
4)	퇴직금	•	• 어떤 사건이나 문제를 풀거나 처리하는 것

3 다음 어휘들을 반대되는 것끼리 쓰십시오.

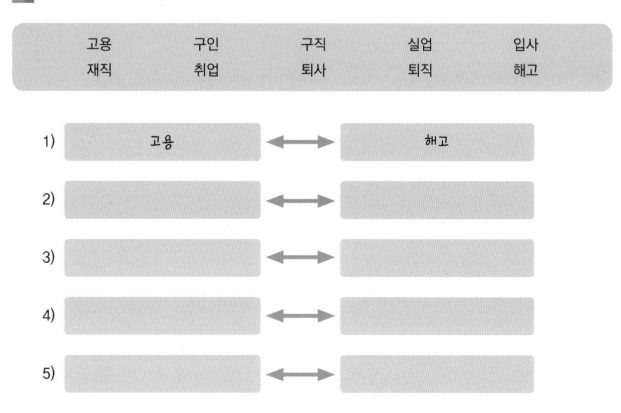

고용	구인	구직	실업	입사
재직	취업	퇴사	퇴직	해고

1) 고용 ⟷ 해고

2)   ⟷

3)   ⟷

4)   ⟷

5)   ⟷

연습 1 **문장을 바꾸십시오.**

보기 가격이 비싸다 ➡ 가격이 비싸잖아요.

1) 쉴 시간이 별로 없다

➡ _____ .

2) 미셀 씨는 요리사다

➡ _____ .

3) 지난주에 회사를 그만두다

➡ _____ .

4) 김밥은 먹기가 간단하다

➡ _____ .

연습 2 **대화를 완성하십시오.**

보기 가: 지하철에 사람이 진짜 많네요.
나: 지금 출근 시간이잖아요.

음식이 맛있다	면접이 있다	환절기다	고기를 안 먹다

1) 가: 요즘 감기에 걸린 사람이 많은 것 같아요.

나: _____ .

2) 가: 아미르 씨는 야채김밥만 먹네요.

나: _____ .

3) 가: 그 식당은 항상 손님이 많은 것 같아요.

나: _____ .

4) 가: 자가 씨가 오늘 학교에 안 왔네요.

나: _____ .

연습 1 대화를 완성하십시오.

> **보기** 가: 저는 이 지역 주민이 아닌데 저 체육관을 이용할 수 있나요?
> 나: 네. <u>다른 지역 주민이라도</u> 이용할 수 있어요.

1) 가: 하루에 네 시간 일하면 많이 힘들 것 같지 않은데요.

   나: _____ 계속 서서 하는 일이라서 힘들어요.

2) 가: 어린아이가 이 책을 이해할 수 있을까요?

   나: 그림이 많아서 _____ 내용을 이해하기 어렵지 않을
   거예요.

3) 가: 아직 신입 사원이니까 실수해도 이해해 주실 것 같아요.

   나: _____ 작은 실수를 계속 반복하면 상사한테 좋은 인상을
   줄 수 없을 거예요.

연습 2 문장을 완성하십시오.

> **보기** 제주도
> ➡ 국외 여행은 돈이 없어서 못 가니까 <u>제주도라도 가고 싶어요.</u>

1) 아르바이트

   ➡ 취직하기 어려우니까 _____.

2) 합격

   ➡ 1등은 힘드니까 _____.

3) 자전거

   ➡ 집에서 역까지 너무 멀어요. _____.

4) 케이크

   ➡ 오늘은 결혼기념일인데 남편이 _____.

연습 1 문장을 완성하십시오.

> **보기** 계속 노력하다 / 한국말을 잘할 수 있다
> ➡ 계속 노력하는 한 한국말을 잘할 수 있어요.

1) 건강이 유지되다 / 일을 계속 하고 싶다

➡ _____.

2) 한국 회사에서 일하다 / 한국어를 계속 공부하려고 하다

➡ _____.

3) 꾸준히 저축하다 / 경제적인 문제는 걱정하지 않아도 되다

➡ _____.

4) 임금 문제가 해결되지 않다 / 계속 근무할 수 없다

➡ _____.

연습 2 대화를 완성하십시오.

> **보기** 가: 한국에서는 집을 사기 너무 힘들어요.
> 나: 저축을 하지 않는 한 집을 사기 힘들어요.

1) 가: 선생님, 한국어능력시험에 합격할 수 있을까요?

나: _____ 합격할 수 있어요.

2) 가: 이 단어들은 외우기 너무 어려워요.

나: _____ 시험에서 좋은 성적을 받기 어려워요.

3) 가: 의사 선생님, 아직도 제 건강 상태가 나쁜가요?

나: 전에 오셨을 때와 비슷하네요. _____ 건강을 회복할 수 없습니다.

돌보기

■ –지 않는 한

• 문제가 해결되**지 않는 한** 계속 회의할 거예요.
• 비가 그치**지 않는 한** 소풍을 못 갈 거예요.

1 직장에서 부당한 대우를 받은 적이 있습니까? 어떻게 했습니까?

2 고용부에 내는 신고서의 일부입니다. 다음을 읽고 질문에 답하십시오.

▶ 진정 내용

입사일	2018-08-15	퇴사일	2018-10-14
체불 임금 총액	3,000,000원	퇴직 여부	⊙ 퇴직　　○ 재직
체불 퇴직 금액		기타 체불 금액	
업무 내용	카페에서 일함.		
임금 지급일	매월 25일	근로 계약 방법	⊙ 서면　　○ 구두
제목	임금 체불		
내용 (한글 500자 이내)	저는 2018년 8월 15일부터 ○○커피숍에서 일하기 시작해서 2개월 동안 일했습니다. 9월부터 카페에 손님이 없어서 장사가 안 된다고 월급을 안 줘서 2달 동안 월급을 못 받았습니다.		

1) 위 신고서를 작성한 이유는 무엇입니까?

① 일하면서 폭언을 들어서

② 일을 하고 돈을 받지 못해서

③ 갑자기 일을 그만두라고 해서

④ 계약서하고 다르게 일하라고 해서

2) 위의 내용과 같은 것을 고르십시오.

① 이 사람은 근로 계약서가 없다.

② 지금도 커피숍에서 일하고 있다.

③ 일을 하고 못 받은 돈은 삼백만 원이다.

④ 이 사람은 2018년 10월 14일에 일을 시작했다.

☐ 진정　　☐ 여부　　☐ 지급일　　☐ 서면　　☐ 구두　　☐ 장사

3 여러분은 한국에서 살면서 문제가 생긴 적이 있습니까? 건의하고 싶은 곳을 정해 다음 질문에 답하십시오.

1	한국에서 건의하고 싶은 곳은 어디입니까?	
2	언제, 어디에서 문제가 생겼습니까?	
3	어떤 문제가 생겼습니까?	
4	문제를 어떻게 해결하면 좋겠습니까?	
5	건의한 대로 바뀌면 무엇이 좋아질 것 같습니까?	

4 건의하는 글을 써 봅시다.

제목 : _____에 대해 건의하고자 합니다.

저는 한국에서 살고 있는 _____입니다.

다문화가정과 함께하는 정확한 한국어 중급 2

100

200

300

400

500

600

700

9과 문제가 해결되지 않는 한 더 이상 얼음못 해요.

어제는 참으려야 참을 수가 없어서 결국 다투고 말았어요.

1 다음과 같은 상황에서 어떤 기분이 들까요? 알맞은 단어를 써 보십시오.

기쁘다	신나다	긴장되다	행복하다

	상황	감정
	시험을 잘 봤어요.	기쁘다
	가족들이 제 생일을 축하해 줬어요.	
	내일 부산으로 가족 여행을 가기로 했어요.	
	내일 다문화가족지원센터 행사에서 사람들 앞에서 노래를 부를 거예요.	

2 여러분은 언제 다음과 같은 기분이 듭니까? 이야기해 보십시오.

기분	상황
기쁘다	
행복하다	
신나다	

3 다음과 같은 상황에서 어떤 기분이 들까요? 알맞은 단어를 써 보십시오.

화가 나다	실망하다	속상하다	짜증나다	당황스럽다

	상황	감정
	길을 가는데 지나가던 사람이 저를 밀치고 그냥 갔어요.	화가 나다
	영화관에서 옆에 앉은 사람이 다리를 계속 떨어서 영화를 제대로 못 봤어요.	
	아이가 밤새 열이 나고 아팠어요.	
	믿었던 친구가 거짓말을 했어요.	
	면접을 보는데 한국말이 갑자기 생각이 안 났어요.	

4 여러분은 언제 위와 같은 기분을 느꼈습니까? 경험을 이야기해 보십시오.

> 저는 한국 사람들이 제 말을 못 알아들었을 때 당황스러웠어요.

-(으)려야 -(으)ㄹ 수(가) 없다

연습 1 문장을 완성하십시오.

보기

새로 나온 스마트폰이 너무 비싸다

➡ 새로 나온 스마트폰이 <u>너무 비싸서 사려야 살 수가 없어요.</u>

1)

이웃집이 밤에 너무 시끄럽다

➡ 이웃집이 밤에 _____.

2)

떡볶이가 맵다

➡ 떡볶이가 _____.

3)

신문에 어려운 단어가 많다

➡ 신문에 어려운 단어가 _____.

연습 2 대화를 완성하십시오.

보기 가: 석훈 씨, 이 빵 좀 드세요. 따뜻하고 맛있네요.

나: 괜찮아요. 점심을 너무 많이 먹어서 더 <u>먹으려야 먹을 수 없네요.</u> (먹다)

1) 가: 자가 씨, 지난 주말에 여행을 잘 다녀왔어요?

나: 네, 가족들이랑 소중한 시간을 보내서 _____. (잊다)

2) 가: 여보, 아까 저 사람한테 화를 내는 것 같던데 무슨 일 있어요?

나: 너무 기분이 나빠서 _____. (참다)

3) 가: 옷이 예쁜데 왜 팔려고 해요?

나: 이 옷이 저한테 너무 작아서 _____. (입다)

연습 1 알맞게 연결하고 문장을 완성하십시오.

상황		원하지 않았던 결과
1) 가방이 비싸서 안 사려고 했다. ●		● 결국 헤어지다
2) 애인과 자주 싸웠다. ●		● 결국 시험에서 떨어지다
3) 일교차가 크다. ●		● 결국 감기에 걸리다
4) 시험 준비를 안 했다. ●		● 결국 사다

1) 가방이 비싸서 안 사려고 했는데 결국 사고 말았어요 _____.

2) _____.

3) _____.

4) _____.

연습 2 대화를 완성하십시오.

보기　가: 왜 그렇게 표정이 안 좋아요? 무슨 일 있어요?

　　　　나: 또 직장에서 <u>실수하고 말았어요</u>. (실수하다)

1) 가: 나트 씨, 이 아이스크림 좀 드세요.

　 나: 아니에요. 다이어트 중인데 어젯밤에도 너무 배가 고파서 결국 _____

　　　 _____. (치킨을 먹다)

2) 가: 어머, 이게 뭐예요? 여기 화장지 있어요.

　 나: 실수로 책에 _____. (커피를 쏟다)

3) 가: 왜 이렇게 늦었어요? 30분이나 기다렸어요.

　 나: 미안해요. 지하철에서 졸다가 내려야 할 역을 _____. (놓치다)

–아/어 버리다

연습 1 대화를 완성하십시오.

보기

내일 말하기 시험인데, 공부를 많이 했어요?

아니요, 너무 피곤해서 일찍 자 버렸어요.

1)

오늘 일 끝나고 밀린 집안일 같이 해요.

아니에요, 제가 오늘 집에 일찍 와서 이미 _____.

2)

자가 씨한테 우리가 자가 씨 생일 파티 준비하는 거 말했어요?

죄송해요. 비밀인 줄 모르고 제가 _____.

3)

냉장고에 있던 과자 못 봤어요? 누가 먹었어요?

아, 그거 제가 아까 _____.

4)

혹시 제 스웨터 빨았어요? 그거 드라이해야 하는 건데요.

어머, 그래요? 그거 제가 모르고 세탁기에 _____. 어떡하죠?

5)

이 카메라 왜 안 돼요? 고장 났어요?

네, 아이가 실수로 떨어뜨려서 _____.

1 여러분은 한국에서 억울한 일을 당한 적이 있습니까? 어떻게 했습니까?

2 다음을 읽고 질문에 답하십시오.

1345 외국인종합안내센터

외국인종합안내센터란 무엇인가요?

- 외국인에게 출입국, 체류, 국적, 투자, 고용 등 외국인이 한국 생활을 하는 데 도움을 받을 수 있는 종합 민원 상담 서비스입니다.

어떻게 이용하나요?

- 국번 없이: 1345
  해외 이용 시: 82-2-6908-1345-6
- 팩스: 1577-1345
  02-2650-4550

- '1345 외국인종합안내센터'는 주간(09:00~18:00)에는 한국어, 영어, 중국어 등 20개 언어, 야간(18:00~22:00)에는 한국어, 중국어, 영어의 3개 언어로 상담 안내 서비스를 받을 수 있음.

20개 언어	한국어, 영어, 중국어, 일본어, 러시아어, 베트남어, 타이어, 몽골어, 인니어, 프랑스어, 벵골어(방글라데시), 우르두어(파키스탄), 네팔어, 크메르어(캄보디아), 미얀마어, 독일어, 스페인어, 타갈로그어(필리핀), 아랍어, 싱할라어(스리랑카)

어떤 도움을 받을 수 있나요?

- 고용주, 결혼 이민자, 체류 외국인 누구나 출입국 업무 전 분야(체류, 국적, 투자, 비자 업무 등) 및 국내 생활의 전반적인 민원 상담 서비스를 받을 수 있음.

'찾아가는 맞춤형 상담 서비스'란 무엇인가요?

- 7개 국가 결혼 이민자 출신 상담원들을 멘토로 지정, 먼저 전화를 걸어 입국 후 2년 이하 결혼 이민자의 고충 상담 및 국내 생활에 필요한 정보를 제공하고 4개국(중국, 베트남, 몽골, 일본) 유학생들에게 국내 대학 생활 및 진로에 대하여 먼저 전화를 걸어 필요한 정보를 제공하는 서비스.

---

1) 외국인종합안내센터의 전화번호는 몇 번입니까?

➡ _____.

2) 외국인종합안내센터에서 상담을 받을 수 있는 것에 모두 ○ 하십시오.

① 한국 회사에서 한 달 동안 일했는데 월급을 못 받았다.   (   )

② 한국 국적을 취득하려고 하는데 어떻게 해야 하는지 모르겠다.   (   )

③ 한국 대학에서 공부하고 있는데 졸업 후에 한국 회사에 취업하고 싶다.   (   )

④ 외국인을 고용하고 있는 회사이다. 외국인 직원의 비자를 연장해 줘야 하는데
   어떻게 해야 하는지 알고 싶다.   (   )

☐ 체류   ☐ 투자   ☐ 종합   ☐ 고용주   ☐ 전반적   ☐ 출신   ☐ 지정   ☐ 고충

3 여러분은 다문화가족 지원 포털 '다누리'의 상담 센터에서 상담을 하려고 합니다.
어떤 고민이 있는지 쓰십시오.

고민거리	
고민	1
	2
	3
궁금한 점	

4 상담 신청서를 써 보십시오.

| ≡ | 생활 정보 | 교육 정보 | 취업·채용 정보 | 다문화 이해 | 다문화 소식 | 다문화가족지원센터 | 🔍 |

상담실

다누리콜센터
1577-1366

국제결혼 피해 상담
02-333-1311

온라인 상담

온라인 상담

제목			
작성자		공개 여부	☐ 공개 ☐ 비공개
이메일		국적	
연락처		상담 언어	
카테고리			

☐ 결혼 생활 문제   ☐ 자녀 교육 문제   ☐ 취업 문제   ☐ 진로 문제
☐ 경제 문제   ☐ 건강 문제   ☐ 기타:

고민 상담 내용	

100

200

300

400

500

600

700

105

11 고등어조림 하는 것 좀 가르쳐 주세요.

1 다음 양념을 언제 사용합니까? 이야기해 보십시오.

소금/설탕	후추	식초	간장

고추장	고춧가루	된장	참기름

> 냉면에 식초를 넣어요.

> 떡볶이를 만들려면 고추장이 필요해요.

2 조리 기구와 이름을 연결해 보십시오.

냄비	국자	프라이팬	주걱	주전자

3 어떻게 요리합니까? 그림을 보고 말해 보십시오.

다듬다	굽다	찌다	삶다
데치다	볶다	무치다	끓이다
조리다	튀기다	다지다	섞다

생선   만두   계란   소고기   시금치   호박   감자   당근

저는 생선을 구워 먹어요.

저는 생선을 튀겨 먹어요.

연습 1 그림을 보고 대화를 완성하십시오.

보기

가: 유미 씨는 취미가 뭐예요?

나: 제 취미는 <u>요리하기</u>예요.

1)

가: 한국어 공부가 어때요?

나: 재미있지만 _____가 좀 어려워요.

2)

가: 지금 사는 집이 어때요?

나: 시장이 가까워서 _____가 편해요.

3)

가: 결혼 축하드려요. 행복하게 _____를 바랍니다.

나: 네, 고맙습니다. 행복하게 살겠습니다.

연습 2 된장찌개를 끓이는 방법을 보고 요리책을 완성하십시오.

1. 먼저 멸치로 육수를 끓여요.
2. 감자, 양파, 호박, 고추, 두부를 썰어요.
3. 멸치 육수에 된장을 풀고 재료를 모두 넣어요.
4. 10분 정도 더 끓이세요.

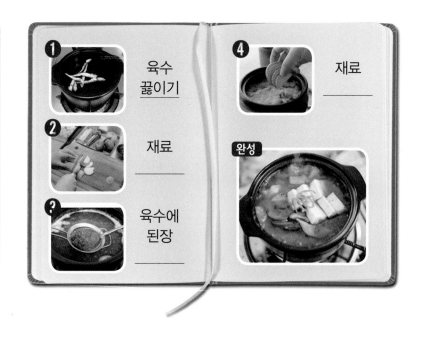

❶ 육수 끓이기

❷ 재료 _____

❸ 육수에 된장 _____

❹ 재료 _____

완성

연습 1 다음 표를 완성하십시오.

	-ㅁ		-음
가다	감	먹다	먹음
사다		읽다	
추다		웃다	
슬프다		믿다	
기쁘다		있다	
보다		없다	
따뜻하다		맑다	
*만들다		*춥다	
*살다		*듣다	

연습 2 일기 예보를 보고 빈칸을 완성하십시오.

이번 주 날씨를 말씀드리겠습니다.
월요일인 오늘은 추웠는데요.
내일 화요일은 따뜻해지지만 비가 오겠습니다.
수요일은 맑고 따뜻하겠습니다.
목요일은 맑지만 바람이 많이 불겠습니다.
금요일부터 다시 추워지겠습니다.
토요일은 춥고 눈이 오는 곳이 있겠습니다.
일요일은 전국에 눈이 오겠습니다.

월	화	수	목	금	토	일
추웠음	비가 옴					

연습 1 문장을 바꿔 쓰십시오.

보기 저는 다문화가족지원센터에서 한국어를 배워요.

➡ 나는 다문화가족지원센터에서 한국어를 배운다.

1) 우리 아이는 밥을 잘 먹어요.

➡ _____ .

2) 제 동생은 과일 중에서 딸기를 제일 좋아해요.

➡ _____ .

3) 오늘은 월요일이에요.

➡ _____ .

4) 저는 한국 사람이 아니에요.

➡ _____ .

5) 한국 음식은 좀 매워요.

➡ _____ .

6) 내일은 비가 올 거예요.

➡ _____ .

연습 2 주말에 한 일을 일기로 써 보십시오.

　　저는 주말에 친구들을 만났어요. 친구들하고 같이 고향 음식을 먹으러 이태원에 갔어요. 이태원에서 고향 음식도 먹고 친구들하고 이야기도 하니까 스트레스가 많이 풀렸어요. 저는 고향이 그리울 때마다 친구들을 만나서 이야기를 해요. 외국에서 사는 것이 쉽지 않지만 고향 친구들이 있어서 정말 다행이에요.

20○○년 ○월 ○일 날씨 맑음

나는 주말에 친구들을 만났다.

_____

_____

_____

_____

1 여러분 나라에서는 어떤 음식을 많이 먹습니까?

2 요리 방법을 소개한 글입니다. 다음을 읽고 질문에 답하십시오.

한국 사람들은 거의 매일 된장국이나 된장찌개를 먹는 것 같습니다. 한국 사람들이 된장찌개를 자주 먹는 것처럼 태국 사람들은 똠얌꿍을 자주 먹습니다. 똠얌꿍은 새우로 만든 매운 찌개라고 할 수 있는데 한국의 매운탕과는 다릅니다. 매우면서도 신맛이 납니다. 똠얌꿍을 만드는 법은 다음과 같습니다.

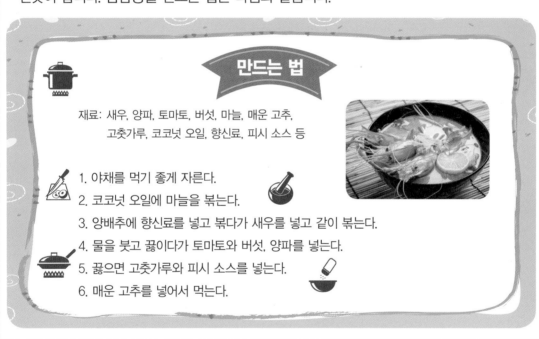

만드는 법

재료: 새우, 양파, 토마토, 버섯, 마늘, 매운 고추, 고춧가루, 코코넛 오일, 향신료, 피시 소스 등

1. 야채를 먹기 좋게 자른다.
2. 코코넛 오일에 마늘을 볶는다.
3. 양배추에 향신료를 넣고 볶다가 새우를 넣고 같이 볶는다.
4. 물을 붓고 끓이다가 토마토와 버섯, 양파를 넣는다.
5. 끓으면 고춧가루와 피시 소스를 넣는다.
6. 매운 고추를 넣어서 먹는다.

1) 태국의 똠얌꿍은 한국의 매운탕과 맛이 어떻게 다릅니까?

➡ _____.

2) 위의 내용과 같은 것을 고르십시오.
   ① 똠얌꿍은 볶음 요리이다.
   ② 똠얌꿍은 찌개 종류이다.
   ③ 똠얌꿍은 고기 찌개이다.
   ④ 똠얌꿍은 맛이 된장찌개와 비슷하다.

3 여러분 나라의 음식을 소개하려고 합니다. 다음과 같이 메모를 하십시오.

소개할 요리	똠얌꿍
비슷한 한국 요리	매운탕과 비슷하지만 신맛이 있음
재료	새우, 야채, 소스 등
만드는 법	1. 야채를 먹기 좋게 자른다. 2. 코코넛 오일에 마늘을 볶는다. ……

4 위의 메모를 바탕으로 여러분 나라의 음식을 만드는 법을 써 봅시다.

100

200

300

400

500

600

700

어제는 참으려야 참을 수가 없어서 결국 다투고 말았어요.

1 다음과 같은 상황에서 어떤 기분이 들까요? 알맞은 단어를 써 보십시오.

기쁘다	신나다	긴장되다	행복하다

	상황	감정
	시험을 잘 봤어요.	기쁘다
	가족들이 제 생일을 축하해 줬어요.	
	내일 부산으로 가족 여행을 가기로 했어요.	
	내일 다문화가족지원센터 행사에서 사람들 앞에서 노래를 부를 거예요.	

2 여러분은 언제 다음과 같은 기분이 듭니까? 이야기해 보십시오.

기분	상황
기쁘다	
행복하다	
신나다	

3 다음과 같은 상황에서 어떤 기분이 들까요? 알맞은 단어를 써 보십시오.

화가 나다	실망하다	속상하다	짜증나다	당황스럽다

	상황	감정
	길을 가는데 지나가던 사람이 저를 밀치고 그냥 갔어요.	화가 나다
	영화관에서 옆에 앉은 사람이 다리를 계속 떨어서 영화를 제대로 못 봤어요.	
	아이가 밤새 열이 나고 아팠어요.	
	믿었던 친구가 거짓말을 했어요.	
	면접을 보는데 한국말이 갑자기 생각이 안 났어요.	

4 여러분은 언제 위와 같은 기분을 느꼈습니까? 경험을 이야기해 보십시오.

저는 한국 사람들이 제 말을 못 알아들었을 때 당황스러웠어요.

–(으)려야 –(으)ㄹ 수(가) 없다

문장을 완성하십시오.

보기

새로 나온 스마트폰이 너무 비싸다

➡ 새로 나온 스마트폰이 <u>너무 비싸서 사려야 살 수가 없어요.</u>

1)

이웃집이 밤에 너무 시끄럽다

➡ 이웃집이 밤에 _____.

2)

떡볶이가 맵다

➡ 떡볶이가 _____.

3)

신문에 어려운 단어가 많다

➡ 신문에 어려운 단어가 _____.

연습 2 대화를 완성하십시오.

보기 가: 석훈 씨, 이 빵 좀 드세요. 따뜻하고 맛있네요.

나: 괜찮아요. 점심을 너무 많이 먹어서 더 <u>먹으려야 먹을 수 없네요.</u> (먹다)

1) 가: 자가 씨, 지난 주말에 여행을 잘 다녀왔어요?

나: 네, 가족들이랑 소중한 시간을 보내서 _____. (잊다)

2) 가: 여보, 아까 저 사람한테 화를 내는 것 같던데 무슨 일 있어요?

나: 너무 기분이 나빠서 _____. (참다)

3) 가: 옷이 예쁜데 왜 팔려고 해요?

나: 이 옷이 저한테 너무 작아서 _____. (입다)

연습 1 알맞게 연결하고 문장을 완성하십시오.

상황		원하지 않았던 결과
1) 가방이 비싸서 안 사려고 했다. •		• 결국 헤어지다
2) 애인과 자주 싸웠다. •		• 결국 시험에서 떨어지다
3) 일교차가 크다. •		• 결국 감기에 걸리다
4) 시험 준비를 안 했다. •		• 결국 사다

1) <u>가방이 비싸서 안 사려고 했는데 결국 사고 말았어요</u>   .

2) ＿＿＿＿＿＿＿＿＿＿＿＿＿＿＿＿＿＿＿＿＿＿＿＿＿＿＿＿＿ .

3) ＿＿＿＿＿＿＿＿＿＿＿＿＿＿＿＿＿＿＿＿＿＿＿＿＿＿＿＿＿ .

4) ＿＿＿＿＿＿＿＿＿＿＿＿＿＿＿＿＿＿＿＿＿＿＿＿＿＿＿＿＿ .

연습 2 대화를 완성하십시오.

> **보기** 가: 왜 그렇게 표정이 안 좋아요? 무슨 일 있어요?
>
> 나: 또 직장에서 <u>실수하고 말았어요</u>. (실수하다)

1) 가: 나트 씨, 이 아이스크림 좀 드세요.

　　나: 아니에요. 다이어트 중인데 어젯밤에도 너무 배가 고파서 결국 ＿＿＿＿＿＿＿＿＿＿＿

　　　　＿＿＿＿＿＿＿＿＿＿ . (치킨을 먹다)

2) 가: 어머, 이게 뭐예요? 여기 화장지 있어요.

　　나: 실수로 책에 ＿＿＿＿＿＿＿＿＿＿＿＿＿＿＿＿＿＿ . (커피를 쏟다)

3) 가: 왜 이렇게 늦었어요? 30분이나 기다렸어요.

　　나: 미안해요. 지하철에서 졸다가 내려야 할 역을 ＿＿＿＿＿＿＿＿＿＿＿＿＿＿＿＿ . (놓치다)

문법③ –아/어 버리다

연습 1 대화를 완성하십시오.

보기

 내일 말하기 시험인데, 공부를 많이 했어요?

아니요, 너무 피곤해서 일찍 자 버렸어요.

1)
 오늘 일 끝나고 밀린 집안일 같이 해요.

아니에요, 제가 오늘 집에 일찍 와서 이미 _____.

2)
 자가 씨한테 우리가 자가 씨 생일 파티 준비하는 거 말했어요?

죄송해요. 비밀인 줄 모르고 제가 _____.

3)
 냉장고에 있던 과자 못 봤어요? 누가 먹었어요?

아, 그거 제가 아까 _____.

4)
 혹시 제 스웨터 빨았어요? 그거 드라이해야 하는 건데요.

어머, 그래요? 그거 제가 모르고 세탁기에 _____. 어떡하죠?

5)
 이 카메라 왜 안 돼요? 고장 났어요?

네, 아이가 실수로 떨어뜨려서 _____.

1 여러분은 한국에서 억울한 일을 당한 적이 있습니까? 어떻게 했습니까?

2 다음을 읽고 질문에 답하십시오.

1345 외국인종합안내센터

외국인종합안내센터란 무엇인가요?

- 외국인에게 출입국, 체류, 국적, 투자, 고용 등 외국인이 한국 생활을 하는 데 도움을 받을 수 있는 종합 민원 상담 서비스입니다.

어떻게 이용하나요?

- 국번 없이: 1345
  해외 이용 시: 82-2-6908-1345-6
- 팩스: 1577-1345
  02-2650-4550

- '1345 외국인종합안내센터'는 주간(09:00~18:00)에는 한국어, 영어, 중국어 등 20개 언어, 야간(18:00~22:00)에는 한국어, 중국어, 영어의 3개 언어로 상담 안내 서비스를 받을 수 있음.

20개 언어	한국어, 영어, 중국어, 일본어, 러시아어, 베트남어, 타이어, 몽골어, 인니어, 프랑스어, 벵골어(방글라데시), 우르두어(파키스탄), 네팔어, 크메르어(캄보디아), 미얀마어, 독일어, 스페인어, 타갈로그어(필리핀), 아랍어, 싱할라어(스리랑카)

어떤 도움을 받을 수 있나요?

- 고용주, 결혼 이민자, 체류 외국인 누구나 출입국 업무 전 분야(체류, 국적, 투자, 비자 업무 등) 및 국내 생활의 전반적인 민원 상담 서비스를 받을 수 있음.

'찾아가는 맞춤형 상담 서비스'란 무엇인가요?

- 7개 국가 결혼 이민자 출신 상담원들을 멘토로 지정, 먼저 전화를 걸어 입국 후 2년 이하 결혼 이민자의 고충 상담 및 국내 생활에 필요한 정보를 제공하고 4개국(중국, 베트남, 몽골, 일본) 유학생들에게 국내 대학 생활 및 진로에 대하여 먼저 전화를 걸어 필요한 정보를 제공하는 서비스.

1) 외국인종합안내센터의 전화번호는 몇 번입니까?

➡ _____.

2) 외국인종합안내센터에서 상담을 받을 수 있는 것에 모두 ○ 하십시오.

① 한국 회사에서 한 달 동안 일했는데 월급을 못 받았다.   (   )
② 한국 국적을 취득하려고 하는데 어떻게 해야 하는지 모르겠다.   (   )
③ 한국 대학에서 공부하고 있는데 졸업 후에 한국 회사에 취업하고 싶다. (   )
④ 외국인을 고용하고 있는 회사이다. 외국인 직원의 비자를 연장해 줘야 하는데
   어떻게 해야 하는지 알고 싶다.   (   )

☐ 체류   ☐ 투자   ☐ 종합   ☐ 고용주   ☐ 전반적   ☐ 출신   ☐ 지정   ☐ 고충

3 여러분은 다문화가족 지원 포털 '다누리'의 상담 센터에서 상담을 하려고 합니다.
어떤 고민이 있는지 쓰십시오.

고민거리		
고민	1	
	2	
	3	
궁금한 점		

4 상담 신청서를 써 보십시오.

| ≡ | 생활 정보 | 교육 정보 | 취업·채용 정보 | 다문화 이해 | 다문화 소식 | 다문화가족지원센터 | 🔍 |

상담실

다누리콜센터
1577-1366

국제결혼 피해 상담
02-333-1311

온라인 상담

온라인 상담

제목			
작성자		공개 여부	□ 공개 □ 비공개
이메일		국적	
연락처		상담 언어	
카테고리			

□ 결혼 생활 문제   □ 자녀 교육 문제   □ 취업 문제   □ 진로 문제
□ 경제 문제   □ 건강 문제   □ 기타:

고민 상담 내용	

100

200

300

400

500

600

700

11 고등어조림 하는 것 좀 가르쳐 주세요.

1 다음 양념을 언제 사용합니까? 이야기해 보십시오.

소금/설탕	후추	식초	간장
고추장	고춧가루	된장	참기름

> 냉면에 식초를 넣어요.

> 떡볶이를 만들려면 고추장이 필요해요.

2 조리 기구와 이름을 연결해 보십시오.

냄비	국자	프라이팬	주걱	주전자

3 어떻게 요리합니까? 그림을 보고 말해 보십시오.

다듬다	굽다	찌다	삶다
데치다	볶다	무치다	끓이다
조리다	튀기다	다지다	섞다

생선　　만두　　계란　　소고기　　시금치　　호박　　감자　　당근

저는 생선을 구워 먹어요.

저는 생선을 튀겨 먹어요.

연습 1 그림을 보고 대화를 완성하십시오.

보기

가: 유미 씨는 취미가 뭐예요?
나: 제 취미는 <u>요리하기</u>예요.

1)

여..여보..세요?

가: 한국어 공부가 어때요?

나: 재미있지만 _____가 좀 어려워요.

2)

가: 지금 사는 집이 어때요?

나: 시장이 가까워서 _____가 편해요.

3)

가: 결혼 축하드려요. 행복하게 _____를 바랍니다.

나: 네, 고맙습니다. 행복하게 살겠습니다.

연습 2 된장찌개를 끓이는 방법을 보고 요리책을 완성하십시오.

1. 먼저 멸치로 육수를
   끓여요.
2. 감자, 양파, 호박, 고추,
   두부를 썰어요.
3. 멸치 육수에 된장을 풀고
   재료를 모두 넣어요.
4. 10분 정도 더 끓이세요.

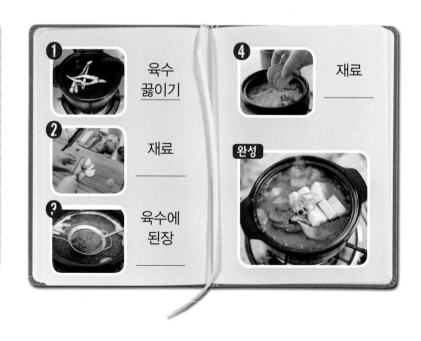

❶ 육수
  끓이기

❷ 재료
  _____

❸ 육수에
  된장
  _____

❹ 재료
  _____

완성

연습 1 다음 표를 완성하십시오.

	−ㅁ		−음
가다	감	먹다	먹음
사다		읽다	
추다		웃다	
슬프다		믿다	
기쁘다		있다	
보다		없다	
따뜻하다		맑다	
*만들다		*춥다	
*살다		*듣다	

연습 2 일기 예보를 보고 빈칸을 완성하십시오.

이번 주 날씨를 말씀드리겠습니다.
월요일인 오늘은 추웠는데요.
내일 화요일은 따뜻해지지만 비가 오겠습니다.
수요일은 맑고 따뜻하겠습니다.
목요일은 맑지만 바람이 많이 불겠습니다.
금요일부터 다시 추워지겠습니다.
토요일은 춥고 눈이 오는 곳이 있겠습니다.
일요일은 전국에 눈이 오겠습니다.

월	화	수	목	금	토	일
추웠음	비가 옴					

연습 1 문장을 바꿔 쓰십시오.

> **보기** 저는 다문화가족지원센터에서 한국어를 배워요.
>
> ➡ 나는 다문화가족지원센터에서 한국어를 배운다.

1) 우리 아이는 밥을 잘 먹어요.

➡ _____.

2) 제 동생은 과일 중에서 딸기를 제일 좋아해요.

➡ _____.

3) 오늘은 월요일이에요.

➡ _____.

4) 저는 한국 사람이 아니에요.

➡ _____.

5) 한국 음식은 좀 매워요.

➡ _____.

6) 내일은 비가 올 거예요.

➡ _____.

연습 2 주말에 한 일을 일기로 써 보십시오.

> 저는 주말에 친구들을 만났어요. 친구들하고 같이 고향 음식을 먹으러 이태원에 갔어요. 이태원에서 고향 음식도 먹고 친구들하고 이야기도 하니까 스트레스가 많이 풀렸어요. 저는 고향이 그리울 때마다 친구들을 만나서 이야기를 해요. 외국에서 사는 것이 쉽지 않지만 고향 친구들이 있어서 정말 다행이에요.

> 20○○년 ○월 ○일 날씨 맑음
>
> 나는 주말에 친구들을 만났다.
>
> _____
>
> _____
>
> _____

1 여러분 나라에서는 어떤 음식을 많이 먹습니까?

2 요리 방법을 소개한 글입니다. 다음을 읽고 질문에 답하십시오.

한국 사람들은 거의 매일 된장국이나 된장찌개를 먹는 것 같습니다. 한국 사람들이 된장찌개를 자주 먹는 것처럼 태국 사람들은 똠얌꿍을 자주 먹습니다. 똠얌꿍은 새우로 만든 매운 찌개라고 할 수 있는데 한국의 매운탕과는 다릅니다. 매우면서도 신맛이 납니다. 똠얌꿍을 만드는 법은 다음과 같습니다.

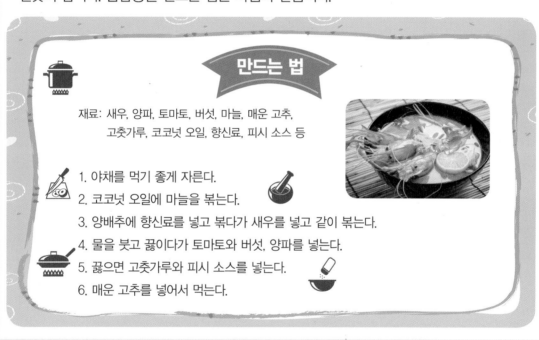

만드는 법

재료: 새우, 양파, 토마토, 버섯, 마늘, 매운 고추,
　　　고춧가루, 코코넛 오일, 향신료, 피시 소스 등

1. 야채를 먹기 좋게 자른다.
2. 코코넛 오일에 마늘을 볶는다.
3. 양배추에 향신료를 넣고 볶다가 새우를 넣고 같이 볶는다.
4. 물을 붓고 끓이다가 토마토와 버섯, 양파를 넣는다.
5. 끓으면 고춧가루와 피시 소스를 넣는다.
6. 매운 고추를 넣어서 먹는다.

1) 태국의 똠얌꿍은 한국의 매운탕과 맛이 어떻게 다릅니까?

➡ _____.

2) 위의 내용과 같은 것을 고르십시오.

① 똠얌꿍은 볶음 요리이다.
② 똠얌꿍은 찌개 종류이다.
③ 똠얌꿍은 고기 찌개이다.
④ 똠얌꿍은 맛이 된장찌개와 비슷하다.

☐ 된장국　☐ 새우　☐ 매운탕　☐ 신맛　☐ 토마토　☐ 버섯　☐ 향신료

3 여러분 나라의 음식을 소개하려고 합니다. 다음과 같이 메모를 하십시오.

소개할 요리	똠얌꿍
비슷한 한국 요리	매운탕과 비슷하지만 신맛이 있음
재료	새우, 야채, 소스 등
만드는 법	1. 야채를 먹기 좋게 자른다. 2. 코코넛 오일에 마늘을 볶는다. ……

4 위의 메모를 바탕으로 여러분 나라의 음식을 만드는 법을 써 봅시다.

100
200
300
400
500
600
700

정말 텔레비전을 준다고요?

1 문장을 완성하십시오.

| 먹을거리 | 바자회 | 수익금 | 기부 | 불우 이웃 |

1) 그 회사 사장은 평생 자기가 번 돈을 모두 ＿＿＿＿＿＿**기부**＿＿＿＿＿＿하기로 했다.

2) 이번에 지진이 난 지역의 주민들을 돕기 위해 우리 동에서 ＿＿＿＿＿＿＿＿＿＿＿을/를 열기로 했다.

3) 시장에 가면 여러 가지 ＿＿＿＿＿＿＿＿＿이/가 많이 있어서 배고플 때 가면 자꾸 사게 된다.

4) 그 가수는 이번 공연의 ＿＿＿＿＿＿＿＿＿을/를 모두 장애인을 돕는 단체에 기부하기로 했다.

5) 오늘부터 이틀간 주민 센터에서 ＿＿＿＿＿＿＿＿＿＿＿ 돕기 바자회가 열린다고 한다.

2 문장을 완성하십시오.

| 협소하다 | 붐비다 | 낭만적이다 | 유익하다 |

1) 이곳은 쇼핑하러 오는 사람들로 항상 ＿＿＿＿＿**붐빕니다**＿＿＿＿＿.

2) 결혼기념일에는 ＿＿＿＿＿＿＿＿＿＿ 곳에서 분위기를 내면 좋습니다.

3) 우리 식당은 주차 공간이 ＿＿＿＿＿＿＿＿＿ 대중교통을 이용하시기를 바랍니다.

4) 가: 이번 주말에는 아이를 데리고 과학관에 갈까요?

　　나: 그거 좋겠네요. 재미도 있고 ＿＿＿＿＿＿＿＿＿ 것 같아요.

3 대화를 완성하십시오.

행사를 개최하다	행사가 열리다	행사에 참여하다	사람들로 북적이다

1) 가: 오늘 무슨 날이에요? 공원이 ____사람들로 북적이네요____.

　　나: 오늘 어린이날이라서 행사가 있나 봐요. 사람 진짜 많네요!

2) 가: 오늘 이 길은 교통 통제를 해서 차가 들어갈 수 없다고 해요.

　　나: 아, 오늘 낮부터 여기에서 불우 이웃 돕기 _____.

3) 가: 저기 게시판에 붙어 있는 안내문을 봤어요?

　　나: 네, 봤어요. _____ 사람은 사무실에 신청하라는 안내문 말이죠?

4) 가: 어디에 가는 길이에요?

　　나: 가을을 맞아 시청에서 시민 걷기 _____ 참가자 전원에게
　　기념품을 준다고 해서 저도 가 보려고요.

4 대화를 완성하십시오.

발 디딜 틈도 없다	뜻깊다	바람을 쐬다

1) 가: 요즘 할 일이 너무 많아서 스트레스가 쌓여요.

　　나: 그럼 잠시 밖에 나가서 ____바람 좀 쐬고____ 오세요.
　　머리를 좀 식히고 나면 일도 더 잘 될 거예요.

2) 가: 여기는 새해 첫날부터 해돋이를 보러 온 사람들이 많네요.

　　나: 네, 정말 _____ 정도예요.

3) 가: 바쁘심에도 불구하고 저희 바자회에 참석해 주셔서 감사합니다.

　　나: 당연히 와야지요! 오히려 이런 _____ 자리에 초대해 주셔서
　　감사합니다.

연습1 다른 사람이 하는 말을 잘 알아듣지 못했습니다. 맞는 표현을 골라 대화를 완성하십시오.

누구시라고요?　　　어디라고요?　　　얼마라고요?　　　뭐라고요?

1) 가: 모두 해서 8만 7천 원입니다.

　　나: <u>얼마라고요?</u>

2) 가: 저분이 이번에 아이 학교에 새로 오신 교장 선생님이세요.

　　나: _____

3) 가: 이게 한국의 전통 음료수인 식혜예요.

　　나: _____

4) 가: 여보세요? 영진아, 지금 바로 한국은행 앞으로 와. 거기서 기다릴게.

　　나: _____

연습2 대화를 완성하십시오.

가: 캄리 씨, 실례지만 나이가 어떻게 되세요?

나: 서른두 살이에요. 한국 나이로 서른세 살이고요.

가: <u>서른세 살이라고요?</u> 와! 나이에 비해 동안이세요.

나: 그래요? 감사합니다.

가: 그럼 캄리 씨는 호랑이띠군요.

나: 네? _____?

가: 호랑이띠요. 나이를 나타내는 12가지 동물이 있잖아요. 사람은 자기의 띠에 따라 그 동물과 조금 비슷한 성격을 갖는다고 해요.

나: _____? 그럼 호랑이띠는 어떤 성격인데요?

가: 호랑이띠는 호랑이처럼 용감하고 강한 편이라고 해요.

나: 뭐라고요? 제 성격이 _____? 그럼 사람들이 싫어하지 않을까요?

가: 아니에요. 강하지만 다른 사람을 괴롭히는 게 아니고 불쌍한 사람들을 잘 도와준다고 해요.

연습 1 알맞게 연결하고 문장을 완성하십시오.

1) 밖에 나가다	통장 정리를 하다
2) 집 정리는 하다	편의점에 들러서 우유를 사다
3) 책을 빌리러 도서관에 가다	안 쓰는 물건을 기증하다
4) 은행에서 환전을 하다	해돋이를 보다
5) 동해에 가다	친구 책을 반납하다

1) 밖에 나가는 김에 편의점에 들러서 우유를 샀어요.

2) 집 정리를 _____.

3) 책을 빌리러 도서관에 _____.

4) 은행에서 환전을 _____.

5) 동해에 _____.

연습 2 부탁하는 문장을 완성하십시오.

보기

물을 끓이는 김에 제 커피도 좀 타 주실래요?

1)

_____ 이 옷도 같이 빨아 주실래요?

2)

_____ 밖에 있는 신문 좀 갖다 주세요.

3)

_____ 이 그릇도 좀 치워 주세요.

(이)나마

연습 1 대화를 완성하십시오.

멀리서	조금	전화로	잠시

1) 가: 저, 이 물건들을 좀 기증하고 싶은데요.

　　나: 아, 그러세요? 정말 감사합니다.

　　가: 제가 기증한 물건이 불우 이웃에게 <u>조금이나마</u> 도움이 됐으면 하는 바람입니다.

2) 가: 미영 씨는 음악 듣는 걸 참 좋아하나 봐요.

　　나: 네, 이렇게 바쁘게 살면서 음악을 들을 때는 _____ 쉴 수 있잖아요.

3) 가: 직접 찾아뵈어야 하는데 이렇게 전화만 드려서 죄송해요.

　　나: 아니야, 미안해할 필요 없어. 이렇게 _____ 목소리를 들었으니까 됐지.

4) 가: 와! 이 가수 공연장에 사람이 이렇게 많을 줄 몰랐어요. 근데 너무 멀어서 안 보이죠?

　　나: 괜찮아요. 이렇게 _____ 목소리를 들을 수 있어서 너무 좋은데요.

연습 2 대화를 완성하십시오.

늦게	작게	희미하게

1) 가: 이 선물 뭐예요? 고향 가면 어머니께 드리려고요?

　　나: 아니요, 이번에 이사 갈 때 아랫집 분들께 드리려고요. 우리 아이가 그동안 그렇게 쿵쿵

　　　　뛰었는데도 다 참아 주셨거든요. <u>늦게나마</u> 감사 표시를 좀 하려고요.

2) 가: 부장님, 승진 축하드립니다. 이거 받아 주세요.

　　나: 뭘 이런 걸 준비했어요? 안 그래도 되는데.

　　가: 그래도 그냥 넘어갈 수 있나요? _____ 이렇게 축하드릴 수 있어서 저도

　　　　기분이 좋네요.

3) 가: 엔젤 씨, 어릴 때 일 중에서 기억나는 게 있어요?

　　나: 아니요, 바쁘게 살다 보니까 기억이 잘 안 나는데 그래도 유치원 때 집 앞 호수에서

　　　　수영하고 놀았던 기억은 _____ 남아 있어요.

1 여러분의 나라에도 지역마다 여러 가지 행사나 축제가 있습니까? 한국에서는 어떤 행사나 축제에 참여해 봤습니까? 가 보고 싶은 행사나 축제가 있습니까?

> **Big Share** "김장나눔" `11/4(금) 개막식`
> 시민 김장 천사들이 50여 톤의 배추를 함께 버무려 나누다.
>
> **Big Play** "김장난장" `11/5(토)`
> 김장의 전 과정을 현대적인 놀이로 해석하다.

> **Big Table** "함께식탁" `11/6(일) 폐막식`
> 1천 석 규모의 시민 식탁에서 김치와 수육 등을 함께 먹다.
>
> **Big Tent** "서울김장간" `11/4(금)~11/6(일)`
> 대한민국 최고의 김장 명인에게 김장 담그는 방법을 배우다.

2 다음을 읽고 질문에 답하십시오.

과거에 김장하는 날은 함께 정을 나누는 날이고, 축제였고, 잔치였습니다. 이제 김장은 세계로 나아가 유네스코가 인정하는 무형 문화유산에 등재되었고, 김치는 세계인이 사랑하는 웰빙(well-being) 음식이 되었습니다.

서울시는 2014년 제1회 김장 문화제를 시작으로 해마다 잊혀져 가는 나눔의 정을 이어 가기 위해 김장을 문화로 만들어 서울을 대표하는 글로벌 나눔 문화 축제로 발전시켜 왔습니다.

올해 제4회 서울김장문화제는 '따뜻한 나눔, 서울이 김장하는 날'을 주제로 5천 명이 한마음이 되어 불우한 이웃을 위해 김장을 담그는 '김장 나눔' 행사를 진행합니다. 이 밖에도 우리 집 김장을 직접 담가 보는 '서울 김장간'을 비롯하여 '김치 마켓, 김치 상상 놀이터' 등 우리 고유의 김장 문화를 만져 보고, 맛보고, 즐길 수 있는 다양한 프로그램을 준비하였습니다.

2017년 11월 3일(금) ~ 5일(일), 서울이 김장하는 날! 김장에 전통의 가치를 담고, 김장에 즐거운 문화를 버무려, 김장을 주제로 한 진정한 축제가 개최됩니다. 다 함께 매력 넘치는 서울김장문화제를 즐기시기 바랍니다.

더 자세한 사항은 김치 축제 홈페이지(seoulkimchifestival.com)에서 확인할 수 있습니다.

1) 위의 내용과 같은 것을 고르십시오.
   ① 이 행사는 2012년부터 매년 개최되었다.
   ② 이 행사에서는 김치를 직접 담가 볼 수 있다.
   ③ 이 행사는 10월 28일부터 30일까지 열린다.
   ④ 이 행사에는 외국인과 아이들만 참여할 수 있다.

2) 이 행사에 대해 더 자세히 알고 싶은 사람은 무엇을 해야 합니까?

   ➡ _____.

☐ 무형   ☐ 문화유산   ☐ 등재되다   ☐ 한마음   ☐ 상상
☐ 고유   ☐ 가치   ☐ 버무리다   ☐ 진정하다   ☐ 매력

3 여러분의 고향에는 어떤 지역 행사가 있습니까? 메모해 보십시오.

행사 이름	
행사 시기	
행사 목적	
행사 내용	1. 2. 3.

4 위의 메모를 바탕으로 여러분 고향의 지역 행사에 대해 소개하는 글을 써 봅시다.

100

200

300

400

500

600

700

15 더 심해지지 않도록 마스크를 꼭 하고 다녀요.

1 알맞은 단어를 골라 넣으십시오.

| 폭우 | 폭설 | 가뭄 | 산불 | 산사태 | 지구 온난화 |

1)

산불

2)

3)

4)

5)

6)

다문화가정과 함께하는 정확한 한국어 중급 2

2 알맞은 단어를 골라 넣으십시오.

| 황사 | 마스크 | 공기 청정기 | 미세 먼지 |

1)

2)

3)

4)

황사

3 문장을 완성하십시오.

| 가습기 | 염증 | 제습기 | 안구 건조증 |

1) 감기에 걸려서 목이 많이 아파 병원에 갔더니 목에 _____염증_____이 생겼대요.

2) 겨울철에는 날씨가 건조해서 감기에 잘 걸려요. 집에 있을 땐 _____을/를 틀어서 습도 조절을 해 주는 것이 좋아요.

3) 요즘 일이 많아서 밤새 컴퓨터 작업을 했더니 _____이/가 생겼어요. 눈이 따갑고 아프네요.

4) 한국의 여름 날씨는 고온 다습이 특징인데 장마철에는 습도가 높아서 빨래도 안 마르고 더위를 더 많이 느끼게 돼요. 그럴 땐 _____을/를 트는 것이 도움이 돼요.

연습 1 다음을 보고 뉴스 보도문을 말해 보십시오.

> 폭염으로 인해 대전에서 열대 지방의 나무가 자라고 있습니다.

	원인	결과
1)	폭염	대전에서 열대 지방의 나무가 자라다
2)	충돌 사고	3명이 다치고 1명이 사망했다
3)	폭설	도로가 막혀 출근 시간 비상이 걸렸다
4)	환경 오염	지구의 온도가 상승하고 있다
5)	태풍	도로에 있는 나무가 쓰러져 있다

연습 2 다음 표를 보고 조사 결과를 쓰십시오.

	원인	결과
1)	과로	스트레스가 증가하다, 각종 질병들이 발생하다
2)	담배꽁초	산불이 발생하다, 건조한 날씨가 더 큰 산불을 일으키다
3)	부모와의 대화 부족	부모와 갈등이 점점 깊어지다
4)	경제적 부담 및 보육 문제	출산율이 감소하다, 아이보다 여유 있는 생활을 선택하는 사람들이 증가하다

1) 조사 결과 현대인들은 과로로 인해 스트레스가 증가하고 각종 질병들이 발생하는 것으로 나타났습니다.

2) 조사 결과 무심코 버린 ＿＿＿＿＿＿＿＿＿＿＿＿＿＿＿＿＿＿＿＿＿

＿＿＿＿＿＿＿＿＿＿＿＿＿＿＿＿＿＿＿＿＿＿＿＿＿＿＿＿＿＿＿＿.

2) 조사 결과 사춘기 아이는 ＿＿＿＿＿＿＿＿＿＿＿＿＿＿＿＿＿＿＿＿

＿＿＿＿＿＿＿＿＿＿＿＿＿＿＿＿＿＿＿＿＿＿＿＿＿＿＿＿＿＿＿＿.

4) 조사 결과 ＿＿＿＿＿＿＿＿＿＿＿＿＿＿＿＿＿＿＿＿＿＿＿＿＿＿＿

＿＿＿＿＿＿＿＿＿＿＿＿＿＿＿＿＿＿＿＿＿＿＿＿＿＿＿＿＿＿＿＿.

연습 1 그림을 보고 대화를 완성하십시오.

1) 토니 씨의 키가 그렇게 커요?　2) 윌슨 씨가 그렇게 힘이 세요?　3) 수미 씨가 그렇게 예뻐요?

〈농구 선수〉　　　　　　　　〈씨름 선수〉　　　　　　　　〈배우〉

토니 씨는 <u>농구 선수만큼</u>　　　윌슨 씨는 ＿＿＿＿＿＿＿　　　수미 씨는 ＿＿＿＿＿＿＿

키가 커요.　　　　　　　　　힘이 세요.　　　　　　　　　예뻐요.

연습 2 그림을 보고 대화를 완성하십시오.

보기

가: 와, 옷이 정말 멋있네요.

나: 비싼 옷인데 <u>가격만큼</u> 질이 좋지는 않아요.

1)

가: 무슨 운동을 좋아해요?

나: 테니스요. 저한테는 ＿＿＿＿＿＿＿＿＿＿ 재미있는
　　운동이 없어요.

2)

가: 이번 시험 결과 나왔죠? 어때요?

나: ＿＿＿＿＿＿＿＿＿＿ 좋지 않아요. 기대를 너무 많이
　　했나 봐요.

3)

가: 나오코 씨, 한국어 공부는 어때요?

나: 처음에는 어려울 거라고 생각했는데 ＿＿＿＿＿＿＿＿＿
　　한국어도 쉽고 재미있어요.

연습 1 문장을 완성하십시오.

| 섭섭하지 않다 | 들어가지 않다 | 잘될 수 있다 |
| 들지 않다 | 감기에 걸리지 않다 | 먹을 수 있다 |

1) 아기도 <u>먹을 수 있도록</u> 맵지 않게 해 주세요.

2) 이번 학교 행사인 바자회가 _____ 어머님들께서 많이 도와주세요.

3) 친한 친구가 둘째 아기를 낳았는데 첫째 아이 때도 못 갔거든요. 이번에도 일이 바빠서 못

   가는데 _____ 선물을 준비해야겠어요.

4) 요즘 휴가철이라 도둑이 든 집이 많다는 뉴스를 봤어요. 휴가철에는 도둑이 _____

   _____ 문단속을 잘 해야겠어요.

5) 올해는 _____ 예방 주사를 맞아야겠어요.

6) 황사나 미세 먼지가 코와 입으로 _____ 마스크를 쓰고 나가야 해요.

연습 2 대화를 완성하십시오.

| 밤새다 | 터지다 | 되다 |

1) 가: 언제 고향에 가세요?

   나: 글쎄요. 고향에 가고 싶은데 3년이 다 <u>되도록</u> 고향에 못 갔네요.

2) 가: 오늘 많이 피곤해 보여요.

   나: 어제 아이가 어디가 아픈지 _____ 울어서 잠을 못 잤어요.

3) 가: 왜 소화제를 먹어요? 배탈 났어요?

   나: 어제 오랜만에 뷔페에 갔는데 맛있는 음식이 너무 많아서 배가 _____

   먹었어요.

🔍 돋보기

■ -도록

• 12시가 다 되**도록** 전화 한 통 안 왔어요.

• 너무 바빠서 3년이 넘**도록** 휴가를 못 갔어요.

• 몸살이 나**도록** 열심히 일했어요.

연습 1 다음 그림을 보고 대화를 완성하십시오.

1) 한국 요리를 할 수 있어요?

요리할 수 있는 것은

김밥뿐이에요.

2) 무슨 음료수를 좋아해요?

_____

_____.

3) 무슨 악기를 연주할 줄 알아요?

_____

_____.

연습 2 그림을 보고 대화를 완성하십시오.

1)

가: 여보세요? 오늘 조금 늦을 것 같은데 학생들이 많이 왔어요?

나: 아니요, 교실에 온 사람은 저뿐이에요. 천천히 와도 될 거
　　같아요.

2)

가: 신혼집에 살림을 많이 장만했어요?

나: 아니요, 지금 사 둔 게 _____. 가격이
　　비싸서 다른 가구는 천천히 알아보려고요.

3)

가: 집에 먹을 것이 하나도 없어요. 아이가 어찌나 잘 먹는지
　　어제 먹을 것을 사다 놓았는데 냉장고를 열어 봤더니
　　_____.

나: 하하. 저희 집 아이도 그래요. 남자아이라 그런지 먹성이
　　너무 좋아요.

1 세계적으로 이상 기후 현상이 나타나고 있습니다. 여러분이 알고 있는 이상 기후 현상에 대해 말해 보십시오.

2 이상 기후에 대한 글입니다. 다음을 읽고 질문에 답하십시오.

세계 곳곳이 이상 기후로 인해 ㉠몸살을 앓고 있다. 이상 기후는 지구 온난화로 인해 발생한다. 지구 온난화의 원인은 여러 가지가 있지만 특히 온실가스 양의 증가가 큰 원인이 되고 있다. 온실가스는 석유, 석탄과 같은 화석 연료를 태울 때 주로 발생한다.

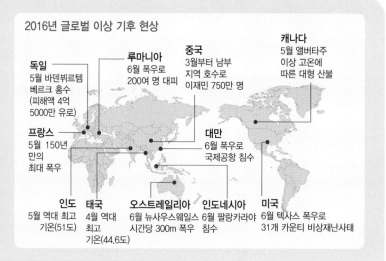

2016년 글로벌 이상 기후 현상

독일 5월 바덴뷔르템베르크 홍수 (피해액 4억 5000만 유로)

루마니아 6월 폭우로 200여 명 대피

중국 3월부터 남부 지역 호수로 이재민 750만 명

캐나다 5월 앨버타주 이상 고온에 따른 대형 산불

프랑스 5월 150년 만의 최대 폭우

대만 6월 폭우로 국제공항 침수

인도 5월 역대 최고 기온(51도)

태국 4월 역대 최고 기온(44.6도)

오스트레일리아 6월 뉴사우스웨일스 시간당 300m 폭우

인도네시아 6월 팔랑카라야 침수

미국 6월 텍사스 폭우로 31개 카운티 비상재난사태

2000년 7월 NASA는 지구 온난화로 인해 그린란드의 빙하가 녹아 지난 100년간 해수면이 약 23cm가 상승했다고 발표했다. 해수면 상승으로 인해 신혼여행지로 유명한 몰디브섬이 점점 바닷속으로 가라앉고 있다고 한다. 또한 세계에서 여섯 번째로 큰 호수인 차드 호수(아프리카 중서부 지역)가 크게 증발해 버렸다. 1960년대 호수의 면적은 2만 6,000㎢가 넘었지만 2000년에는 2,413㎢에 불과했다. 이로 인해 마을 주민들은 심각한 물 부족을 겪고 있다.

이러한 문제를 해결하기 위해서는 지구 온난화의 원인인 화석 연료의 사용을 줄여야 한다.

1) ㉠의 뜻으로 맞는 것을 고르십시오.

① 겨울처럼 춥다.

② 아픈 사람들이 많다.

③ 감기 바이러스가 유행이다.

④ 심각한 문제가 일어나고 있다.

2) 위의 내용과 같은 것을 고르십시오.

① 이상 기후로 인해 지구 온난화가 생긴다.

② 날씨가 추워서 만년설이 점점 많아지고 있다.

③ 지구 온난화는 해수면 상승의 직접적인 원인이다.

④ 화석 연료를 사용하는 것이 우리의 미래를 위해 좋다.

| □ 강수량 | □ 정상적 | □ 석유 | □ 석탄 | □ 화석 연료 | □ 빙하 |
| □ 해수면 | □ 가라앉다 | □ 증발하다 | □ 면적 | □ 불과하다 | |

3 여러분이 겪은 이상 기후에 대해 메모를 하십시오.

	순서	내용 요약
처음	이상 기후의 원인	
중간	이상 기후로 인한 사고 및 피해	
끝	이상 기후 대처 방안	

4 위의 메모를 바탕으로 여러분이 겪은 이상 기후에 대한 글을 써 봅시다.

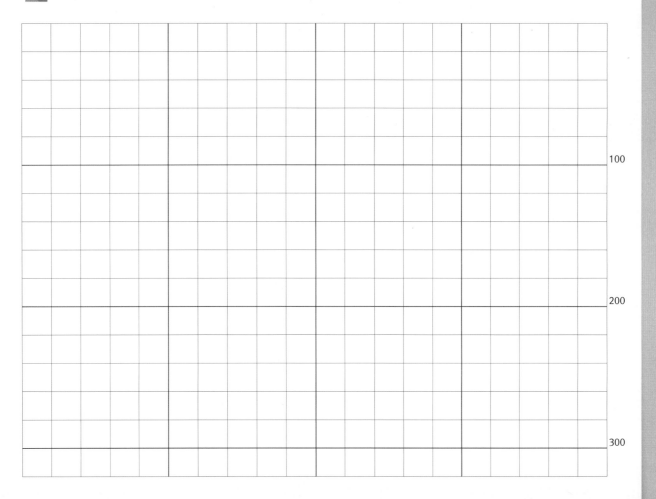

100

200

300

16 한국에서 잘 적응할 수 있을까 불안한 마음이 컸었습니다.

1 문장을 완성하십시오.

쏜살같이	엊그제	막상	당시

1) 한국에 대해 잘 몰랐을 때는 걱정이 많았는데 _____막상_____ 살아 보니까 좋은 사람도 많고 재밌는 일도 많이 생겼어요.

2) 한국에 온 지 벌써 3년이 지났어요. 시간이 참 빠른 것 같아요. 한국에 처음 온 날이 _____ _____ 같은데.

3) 어렸을 때 교통사고가 난 적이 있어요. 그 _____에는 별로 느낌이 없었는데 시간이 지나니까 그때 일이 더 잘 기억이 나요.

4) 시간이 어찌나 빠른지 지난 3년이 _____ 지나간 것 같아요.

2 문장을 완성하십시오.

낯설다	그립다	불안하다	유창하다	어색하다	느긋하다

1) 저는 한국 사람처럼 한국말을 _____유창하게_____ 할 수 있었으면 좋겠어요.

2) 가족이 밤늦게까지 안 들어오면 마음이 너무 _____.

3) 우리 부부는 성격이 정반대예요. 저는 성격이 좀 급한 편인데 아내는 많이 _____ 편이에요.

4) 처음 만난 사람하고는 무슨 말을 해야 할지 모르겠어요. 가장 친한 친구를 처음 만났을 때도 서로 _____ 쳐다보기만 했어요.

5) 한국에 처음 왔을 때는 모든 것이 _____ 어떻게 해야 할지 모르겠더라고요. 말도 모르고 음식도 처음 먹는 것이고 아는 사람도 없고, 그때는 참 힘들었죠.

6) 한국 생활이 마음에 들지만 가끔은 고향의 가족, 음식, 친구들이 _____ 때도 있어요.

다문화가정과 함께하는 정확한 한국어 중급 2

3 문장을 완성하십시오.

정들다	익히다	적응하다	실수하다

1) 처음 한국에 왔을 때 모르는 것이 너무 많아서 자주 _____실수했어요_____.

2) 지금 같이 일하는 동료들이 처음에는 많이 낯설었는데 이제 시간이 많이 지나서 _____
_____.

3) 저는 이번에 입사한 신입 사원입니다. 저는 요즘 회사 일을 이것저것 _____
정신이 없습니다. 그렇지만 회사 선배가 잘 가르쳐 준 덕분에 쉽게 배우고 있습니다.

4) 낯선 외국에서 생활을 시작하면 _____ 시간이 좀 걸리는 것 같아요.
그런데 그 시간이 지나고 나면 많이 익숙해져서 편해져요.

4 문장을 완성하십시오.

경력을 쌓다	제2의 고향	자리를 잡다	승진하다

1) 저는 한국에서 5년 정도 살았어요. 한국은 이제 저에게 _____제2의 고향이에요_____.

2) 이번에 제가 회사에서 과장에서 부장으로 _____ 되었어요. 그 덕분에
주변 사람들의 축하도 많이 받았어요.

3) 저는 3년 동안 작은 회사에서 처음부터 일을 배우면서 _____ 덕분에
이번에 큰 회사로 옮길 기회를 잡을 수 있었어요.

4) 처음에는 한국에서 잘 적응할 수 있을까 걱정이 많았는데, 막상 살아 보니까 사람들도
좋고 일자리도 많은 것 같아요. 그래서 저는 우리 나라에 돌아가기보다는 한국에서
_____.

연습 1 대화를 완성하십시오.

> 보기 가: 겨울인데 날씨가 따뜻하네요.
>
> 나: 네, 그런데 작년에는 <u>추웠었어요</u>.

1) 가: 아미르 씨는 술을 마셔요?

   나: 아니요. 예전에는 많이 _____ 지금은 안 마셔요.

2) 가: 매운 음식을 잘 먹는 편이에요?

   나: 네. 그런데 처음에 한국에 왔을 때는 매운 음식을 안 _____.

3) 가: 동생이 정말 날씬하네요.

   나: 어렸을 때는 정말 _____.

4) 가: 이번 한국어 시험 어땠어요?

   나: 지난번 시험은 _____ 이번 시험은 쉬웠어요.

연습 2 그림을 보고 과거와 달라진 점을 쓰십시오.

> 보기
>
> 가: 엔젤 씨는 어디에서 야채를 사요?
>
> 나: 옛날에는 마트에 자주 갔었는데 요즘은 시장에 자주 가요.

1)

   가: 남편이 담배를 피워요?

   나: _____.

2)

   가: 나레카 씨는 키가 정말 크네요! 어렸을 때도 키가 컸어요?

   나: _____.

3)

   안녕.. 하세요.

   가: 한국어가 많이 늘었네요.

   나: _____.

연습 1 한 문장으로 완성하십시오.

보기   결혼식 때 사진을 찍다   +   사진을 보고 있다

➡ 결혼식 때 찍었던 사진을 보고 있어요.

1)   어제 입다   +   옷을 또 입다

➡ _____ .

2)   지난번에 부르다   +   노래를 다시 부르다

➡ _____ .

3)   어렸을 때 노래를 잘 했다   +   친구가 가수가 되다

➡ _____ .

연습 2 다음 글을 완성하십시오.

먹다	여행하다	마시다	신고 가다	올라가려고 하다

저는 한국에 와서 처음으로 제주도를 여행했습니다.

제주도는 제가 한국에서 _____여행했던_____ 곳 중에서 가장 아름다운 곳이었습니다. 제주도에 도착하자마자 고기국수를 먹었습니다. 너무 배가 고팠는데 그때 _____ 고기국수의 맛은 잊을 수가 없습니다. 두 번째 날에는 산에 올라갔습니다. 그런데 제가 _____ 신발이 너무 불편해서 등산을 포기했습니다. 그날 제가 _____ 산은 한라산이었습니다. 정말 아쉬웠습니다. 그리고 우리는 커피숍에 가서 따뜻한 커피를 마셨습니다. 그날 _____ 커피가 아직도 생각이 납니다. 기회가 된다면 또 가고 싶습니다.

연습 1 **알맞게 연결하고 문장을 완성하십시오.**

1)	친구가 통화 중이다	●———●	메시지를 남겨 놓다
2)	컴퓨터가 고장 나다	● ●	충동구매를 해 버리다
3)	친구가 그 집 갈비가 맛있다고 하다	● ●	A/S 센터에 전화를 하다
4)	물건값이 싸다	● ●	가족들과 그 식당에 가다

1) 친구가 통화 중이길래 메시지를 남겨 놓았다.

2) _____.

3) _____.

4) _____.

연습 2 **대화를 완성하십시오.**

공사 중이다	물어보다	졸리다	덥다	세일하다

1) 가: 무슨 커피 잔이 이렇게 많아요?

   나: 아까부터 일하는데 너무 _____졸리길래_____ 좀 많이 마셨어요.

2) 가: 좀 늦었네요.

   나: 네, 항상 다니던 길이 _____ 다른 길로 돌아왔거든요.

3) 가: 여기 창문 누가 열었어요?

   나: 오늘 날씨가 좀 _____ 제가 열어 놓았어요.

4) 가: 못 보던 옷이네요.

   나: 인터넷 쇼핑몰에서 _____ 하나 샀는데 어때요?

5) 가: 처음 한국에 왔을 때 깜짝 놀란 일이 있어요?

   나: 처음 만난 사람이 갑자기 나이를 _____ 기분 나빠서 대답하지 않은
   적이 있어요.

1 여러분 나라의 도시들은 현재 어떤 모습으로 바뀌었습니까?

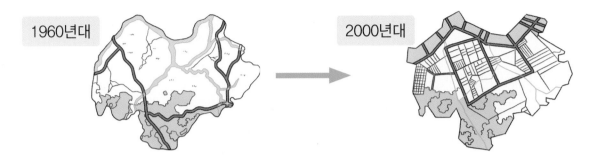

1960년대 → 2000년대

2 서울의 변화에 대한 글을 읽고 질문에 답하십시오.

10년이면 강산도 변한다!

한국의 도시 발달에서 가장 큰 특징은 서울의 성장과 함께 수도권이 형성되었고, 이를 중심으로 도시화가 이루어졌다는 점이다.

조선 시대 때 서울의 범위는 사대문(동대문, 서대문, 남대문, 북대문) 안쪽, 즉 오늘날의 중구, 종로구 정도에 불과했었다. 그랬던 것이 1960년대 산업화 이후에 지방에서 서울로 인구가 유입되면서 주변 지역을 조금씩 편입하여 현재 서울의 면적으로 넓어지게 되었다.

특히 지금의 강남 지역은 1960년대 초까지만 해도 경기도 광주군에 속해 있었던 것이 그 후 서울에 포함되면서 도시화의 가장 큰 변화를 겪게 되었다. 원래 이 지역의 땅은 논과 밭이 많은 농업 지역이 대부분이었지만 1970년대 대규모 아파트 단지가 건설되면서 곧고 넓은 도로, 고층 건물 등이 지금의 모습을 갖추게 되었다.

1) 한국의 도시 발달에 가장 큰 영향을 미친 것은 무엇입니까?
　① 서울의 확장　　　　　　　② 사대문의 건축
　③ 논과 밭의 증가　　　　　　④ 고층 건물의 건축

2) 조선 시대 때 서울은 어디까지였다고 합니까?
　① 강남까지　　　　　　　　② 종로구까지
　③ 사대문 안까지　　　　　　④ 경기도 광주까지

3) 1960년대 이전에 강남은 어떤 모습이었다고 합니까?
　➡ _____.

☐ 형성되다　　☐ 도시화　　☐ 산업화　　☐ 유입되다　　☐ 편입하다
☐ 농업　　　　☐ 대규모　　☐ 단지　　　☐ 건설되다　　☐ 곧다

3 여러분은 '한국 생활 체험 수기'라는 주제로 글쓰기 대회에 참가하려고 합니다. 먼저 간략하게 메모해 보십시오.

자기소개 (한국에 산 기간)	
처음 왔을 때의 느낌	
기억에 남는 사건/인물	
처음 왔을 때와 지금 달라진 점	

4 위의 메모를 바탕으로 여러분의 지난 한국 생활을 회상하며 글을 써 봅시다.

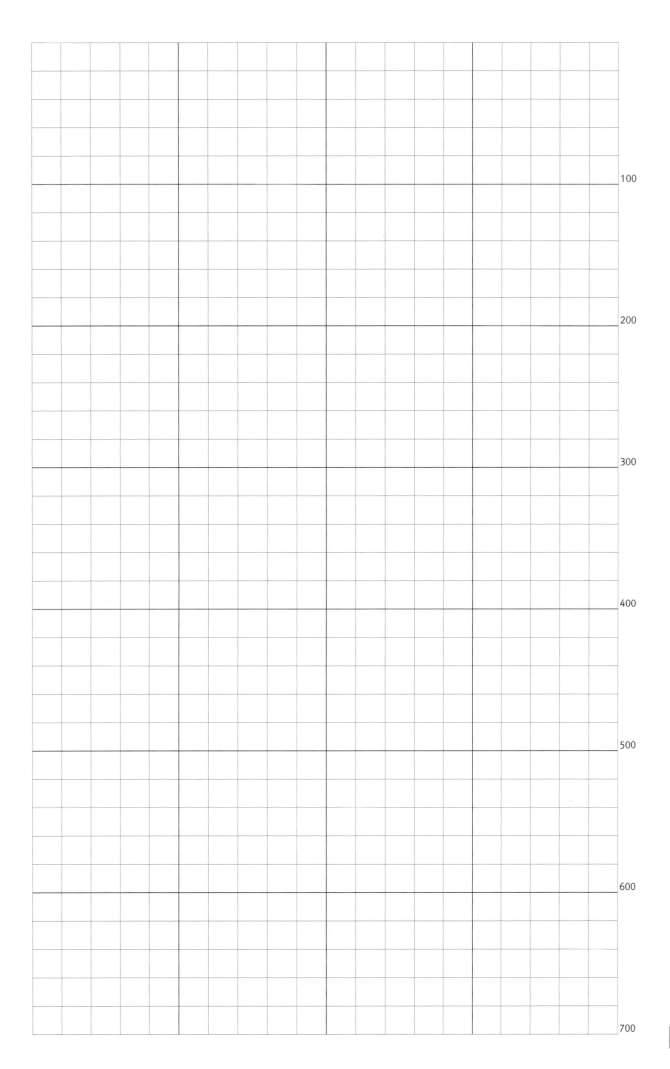

100

200

300

400

500

600

700

16과 한국에서 잘 적응할 수 있을까 들인한 마음이 컸었습니다.

※ [1~3] 다음을 듣고 알맞은 그림을 고르십시오. Track 13 🎧

1. ①  ②

   ③  ④

2. ①  ②

   ③  ④

3. ① 〈등록 외국인 현황〉 ② 〈등록 외국인 현황〉

 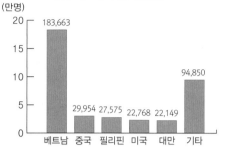

③ 〈연령별 외국인 취업자 수〉 ④ 〈연령별 외국인 취업자 수〉

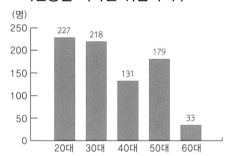 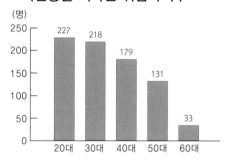

※ [4~5] 다음 대화를 잘 듣고 이어질 수 있는 말을 고르십시오. Track 14 🎧

4. ① 나도 세탁소에 가야 하는데 어떻게 하지요?

② 내가 오늘 늦을 것 같은데 당신이 찾을래요?

③ 그 세탁소가 저렴한 편이니까 한번 가 보세요.

④ 나는 주말에는 보통 세탁소에 들르는 편이에요.

5. ① 네, 걱정 마세요. 잘될 거예요.

② 네, 다음부터 그렇게 하도록 하십시오.

③ 네, 다음부터 이런 일이 없도록 하겠습니다.

④ 네, 걱정 마세요. 이런 일은 자주 있는 일이에요.

6. ① 시험공부에 필요한 책을 사러 서점에 간다.

 ② 아파트 관리 사무소에 방음 공사를 요구한다.

 ③ 옆집 사람에게 가서 소음에 대해 이야기한다.

 ④ 노래 대회에 나가기 위해 친구에게 한국 노래를 배운다.

7. ① 마트에 반값 물건을 사러 간다.

 ② 휴대 전화를 사기 위해 가계부를 쓴다.

 ③ 휴대 전화 가격 비교 사이트에 들어간다.

 ④ 친구가 소개한 사이트에 들어가서 물건 가격을 알아본다.

※ [8~9] 다음을 듣고 내용과 일치하는 것을 고르십시오. Track 16 🎧

8. ① 이 남자도 춤 경연 대회에 나갈 생각이 있다.

 ② 여자는 사람들 앞에서 춤추는 것이 창피하다.

 ③ 여자는 남자의 친구들과 댄스 경연 대회에 나가려고 한다.

 ④ 여자는 친구들과 오늘부터 주민 센터 연습실에서 연습할 예정이다.

9. ① 멸치와 된장을 함께 넣고 끓이면 된다.

 ② 마지막에 야채를 넣고 끓이는 것이 좋다.

 ③ 두부는 야채가 익은 후에 넣는 것이 좋다.

 ④ 된장찌개는 그냥 물에 야채를 넣고 끓여도 맛이 난다.

10. ① 아이들은 활동적으로 뛰어야 건강하다.

② 아이들이 밤늦게까지 뛰는 것은 건강하다는 증거이다.

③ 아이들이 뛰는 것이니까 조금은 이해해 주는 것이 좋다.

④ 공동 주택에서는 이웃을 위해 아이들이 뛰지 않게 해야 한다.

11. ① 일주일에 하루 대중교통을 이용해야 한다.

② 기름값이 올랐으므로 기름값을 절약해야 한다.

③ 환경 오염 문제를 해결하는 것은 쉬운 일이 아니다.

④ 일주일에 하루 자동차를 사용하지 않으면 환경 보호가 된다.

※ [12~13] 다음을 듣고 물음에 답하십시오. Track 18 🎧

12. 남자의 중심 생각으로 알맞은 것을 고르십시오.

① 부모는 아이들이 공부를 잘하기를 바라면 안 된다.

② 부모와 자녀의 관심사가 같아야 공부에 도움이 된다.

③ 부모는 자녀들의 관심사에 관심을 가지고 대화를 할 필요가 있다.

④ 부모는 아이들이 공부 이외의 것에 관심을 가지지 못하도록 해야 한다.

13. 들은 내용으로 맞는 것을 고르십시오.

① 이 남자는 아동 상담 전문가이다.

② 이 여자는 자녀에 대한 고민 때문에 여기에 왔다.

③ 자녀가 공부를 잘하기를 바라는 것은 자녀의 학습에 도움이 된다.

④ 아이들은 스스로 공부에 관심을 가지기 힘들기 때문에 부모가 이끌어야 한다.

※ [14~15] 다음을 듣고 물음에 답하십시오. Track 19 🎧

14. 여자가 무엇을 하고 있는지 고르십시오.

　　① 요리 대회 우승자를 인터뷰하고 있다.

　　② 요리 대회에 나갈 계획을 밝히고 있다.

　　③ 요리 대회에서 우승하여 소감을 말하고 있다.

　　④ 요리 대회가 개최된다는 소식을 전달하고 있다.

15. 들은 내용으로 맞는 것을 고르십시오.

　　① 이 여자는 한국 사람들과의 경쟁에서 우승했다.

　　② 이 여자는 운이 좋게 접시 닦는 일은 해 본 적이 없다.

　　③ 이 여자는 이 대회에 나오기 위해 가족들한테 요리를 배웠다.

　　④ 일류 요리사들은 이 여자에게 친절하게 요리를 가르쳐 주었다.

※ [16~17] 다음을 듣고 물음에 답하십시오. Track 20 🎧

16. 남자는 누구인지 맞는 것을 고르십시오.

　　① 기업 경영인

　　② 교육 전문가

　　③ 공인 중개사

　　④ 외국인 상담사

17. 들은 내용으로 맞는 것을 고르십시오.

　　① 긍정적인 피드백이 부정적인 피드백보다 효과가 있다.

　　② 학습자의 수준에 맞게 피드백의 종류를 선택해야 한다.

　　③ 학습자에게는 지적보다는 칭찬과 용기를 줄 필요가 있다.

　　④ 급수에 상관없이 학습자들은 긍정적인 피드백을 해 준 교사를 선호한다.

18. 무엇에 대한 내용인지 맞는 것을 고르십시오.

    ① 다문화가정에서 자녀를 잘 교육하는 방법

    ② 다문화가정에서 부부 관계를 좋게 하는 방법

    ③ 다문화가정에서 고부 관계를 좋게 하는 방법

    ④ 다문화가정에서 시어머니의 사랑을 받는 방법

19. 들은 내용으로 맞지 않는 것을 고르십시오.

    ① 시어머니와 며느리는 서로 다른 환경에서 살았던 것을 받아들여야 한다.

    ② 시어머니와 며느리가 서로 환경을 바꿔서 살아 보면 더 잘 이해할 수 있다.

    ③ 시어머니와 며느리는 말이 잘 통하지 않기 때문에 오해가 더 커지기도 한다.

    ④ 남편이 아내를 더 잘 이해해 주면 시어머니와 며느리의 관계가 좋아질 수 있다.

※ [20~21] 다음을 듣고 물음에 답하십시오. Track 22 🎧

20. 무엇에 대한 내용인지 맞는 것을 고르십시오.

    ① 특별히 맛있는 라면을 끓이는 방법

    ② 외국인의 입맛에 맞는 라면 끓이는 법

    ③ 기름기 없이 담백한 라면을 끓이는 방법

    ④ 라면을 싫어하는 사람도 좋아할 만한 라면을 끓이는 방법

21. 들은 내용으로 맞는 것을 고르십시오.

    ① 라면은 두 번째 끓이는 것이 더 맛있다.

    ② 스프는 라면이 익기 시작할 때 넣으면 된다.

    ③ 라면이 다 익을 때까지 뚜껑을 덮을 필요가 없다.

    ④ 라면은 찬물에 넣고 끓여야 맛있게 끓일 수 있다.

22. 이 뉴스의 제목으로 가장 알맞은 것을 고르십시오.

　　① 나무가 많은 도시 더 시원해

　　② 과학자들, 나무로 만든 에어컨 발명

　　③ 서울시, 10개의 도심 녹색 공원 조성

　　④ 물건이 아닌 나무를 기증하는 사람 늘어

23. 들은 내용으로 맞는 것을 고르십시오.

　　① 숲은 도심의 온도를 내려서 더 시원하게 해 준다.

　　② 서울시는 주차장을 숲으로 바꾸는 법을 만들려고 한다.

　　③ 사람들은 자신의 이름을 알리기 위해 나무를 기증한다.

　　④ 서울시는 어린이들이 자연 학습을 할 수 있는 공원을 주차장으로 만들었다.

24. 뉴스의 제목으로 알맞은 것을 고르십시오.

　　① 서울시, 이웃 돕기 바자회 열어

　　② 다음 주말, 이웃 돕기 모금 행사 열려

　　③ 새해 계획으로 이웃 돕기 결심한 사람 많아

　　④ 필요 없는 물건 기증으로 이웃 돕기 실천을

25. 들은 내용과 일치하는 것을 고르십시오.

　　① 서울시는 시민들을 위해 무료 공연을 연다.

　　② 서울시는 이 바자회의 수익금을 모두 기부할 예정이다.

　　③ 시민들은 필요 없는 물건을 다음 주까지 기증할 수 있다.

　　④ 서울시는 시민들이 다양한 세계 음식을 맛볼 수 있도록 먹거리 장터를 연다.

※ (   )에 들어갈 가장 알맞은 것을 고르십시오.

1.

> 사람들은 건강을 (   ) 운동을 열심히 한다.

① 지키기 위해서   ② 확인한 덕분에

③ 자랑하는 김에   ④ 유지하는 대신에

※ 다음 밑줄 친 부분과 의미가 비슷한 것을 고르십시오.

2.

> 아버지께서 오시는 소리도 <u>듣지 못할 정도로</u> 큰 소리로 음악을 들었다.

① 듣지 못할까 봐   ② 듣지 못할 만큼

③ 듣지 못하는 대로   ④ 듣지 못하는 대신에

※ 다음은 무엇에 대한 글인지 고르십시오.

3.

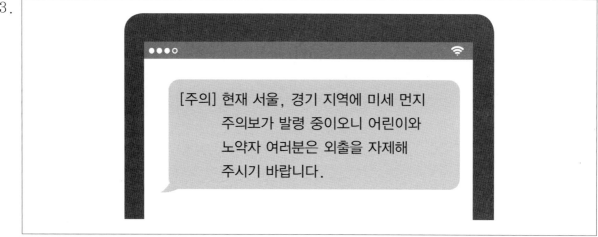

[주의] 현재 서울, 경기 지역에 미세 먼지 주의보가 발령 중이오니 어린이와 노약자 여러분은 외출을 자제해 주시기 바랍니다.

① 빨래 금지　　　　　　　② 세차 금지

③ 야외 활동 금지　　　　　④ 자동차 운행 금지

※ [4~5] 다음 글의 내용과 같은 것을 고르십시오.

4.

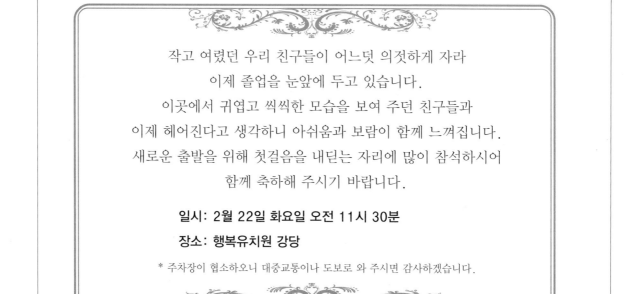

작고 여렸던 우리 친구들이 어느덧 의젓하게 자라
이제 졸업을 눈앞에 두고 있습니다.
이곳에서 귀엽고 씩씩한 모습을 보여 주던 친구들과
이제 헤어진다고 생각하니 아쉬움과 보람이 함께 느껴집니다.
새로운 출발을 위해 첫걸음을 내딛는 자리에 많이 참석하시어
함께 축하해 주시기 바랍니다.

일시: 2월 22일 화요일 오전 11시 30분
장소: 행복유치원 강당

* 주차장이 협소하오니 대중교통이나 도보로 와 주시면 감사하겠습니다.

① 개점 안내　　　② 개학 안내　　　③ 입학식 안내　　　④ 졸업식 안내

5.

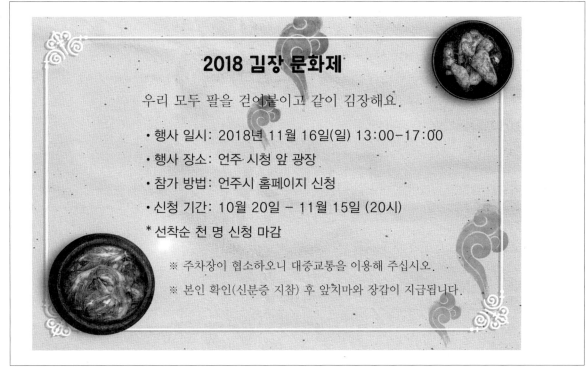

2018 김장 문화제

우리 모두 팔을 걷어붙이고 같이 김장해요.

- 행사 일시: 2018년 11월 16일(일) 13:00-17:00
- 행사 장소: 언주 시청 앞 광장
- 참가 방법: 언주시 홈페이지 신청
- 신청 기간: 10월 20일 – 11월 15일 (20시)
- * 선착순 천 명 신청 마감

※ 주차장이 협소하오니 대중교통을 이용해 주십시오.

※ 본인 확인(신분증 지참) 후 앞치마와 장갑이 지급됩니다.

① 김치를 만드는 행사가 한 달 동안 진행된다.

② 행사 참가 신청은 당일 현장에서 해도 된다.

③ 참가자는 신분이 확인되면 앞치마와 장갑을 받을 수 있다.

④ 신청을 위해서는 대중교통을 이용해 시청에 직접 방문해야 한다.

※ 다음을 순서대로 맞게 배열한 것을 고르십시오.

6.

> (가) 된장은 한국의 고유한 식품으로 음식의 기본양념으로 많이 쓰인다.
>
> (나) 된장을 섭취하면 콩을 먹는 것과 마찬가지이기 때문에 영양이 우수하다.
>
> (다) 특히 국이나 찌개를 끓일 때, 나물 요리를 할 때 많이 쓰인다.
>
> (라) 뿐만 아니라, 최근에는 암을 예방하는 효과도 있다는 것이 밝혀졌다.

① (가)-(라)-(다)-(나)   ② (가)-(다)-(나)-(라)

③ (다)-(나)-(라)-(가)   ④ (다)-(나)-(가)-(라)

※ 다음을 읽고 (   )에 들어갈 내용으로 가장 알맞은 것을 고르십시오.

7.

> 나무는 보기에 (   ) 우리가 살고 있는 환경에 생각보다 중요한 역할을 하고 있다. 가장 중요한 역할은 이산화탄소를 흡수하고 산소를 공급해 주는 것이다. 또한 나무의 뿌리가 주변 토양을 단단하게 하여 산사태를 예방해 주고 홍수나 가뭄을 막는 역할도 한다.

① 단순해 보이지만   ② 아름답기는 하지만

③ 단단해 보이기 때문에   ④ 아름다울 뿐만 아니라

※ [8~9] 다음을 읽고 물음에 답하십시오.

> 전국에서 열리는 지역 행사는 한 해 2천 개가 넘는다. 그러다 보니 비슷한 주제의 닮은꼴 행사들도 많다. 예를 들어 강원도 화천 '산천어 축제'가 인기를 끌자 겨울 낚시를 주제로 한 비슷한 지역 행사들이 곳곳에서 시작됐고, 제주에서 시작된 '유채꽃 축제'도 지역 특성과 상관없이 전국 각지에서 열리고 있다. 이런 지역 행사가 그 지역의 경제에 도움이 되면서 비슷한 행사들이 너무 많이 생겨나고 있지만 모르는 척 (   ) 지역 자치 단체도 많다. 지역 행사들이 늘어나면서 예산 낭비라는 논란도 일고 있는 만큼 제대로 된 지역 행사만을 집중적으로 살리는 노력이 필요하다.

8. (　　)에 들어갈 알맞은 것을 고르십시오.

① 귀를 기울이는   ② 시치미를 떼는

③ 발 벗고 나서는   ④ 허리띠를 졸라매는

9. 윗글의 중심 생각을 고르십시오.

① 지역 행사에 쓸 예산을 낭비하지 말아야 한다.

② 인기 있는 지역 행사에는 더 적극적으로 참여해야 한다.

③ 지역 행사는 지역 사람들의 즐거움을 위해 더 많이 생겨야 한다.

④ 너무 많은 지역 행사 가운데 괜찮은 것과 그렇지 않은 것을 구분할 필요가 있다.

※ [10~11] 다음을 읽고 물음에 답하십시오.

칭찬은 효과적인 교육 방법이다. 하지만 칭찬을 잘못하면 오히려 역효과를 낼 수도 있다. 예를 들면 칭찬을 할 때 "똑똑하구나."와 같은 칭찬보다 "열심히 했구나."라고 노력을 언급해야 아이가 머리만 믿고 노력하지 않는 것을 막을 수 있다. 또한 칭찬할 일이 있을 때는 바로 그 자리에서 칭찬을 하면 아이의 자율성을 높일 수 있다고 한다. 그리고 칭찬은 (   ) 여러 번 해도 들을 때마다 새로운 기분이 들기 때문에 여러 번 칭찬을 해도 무방하다. 하지만 가끔 착한 일을 하면 아이에게 물질적인 보상을 하는 경우가 있는데 이것은 칭찬할 내용보다 물질에만 집착할 수 있기 때문에 주의할 필요가 있다.

10. (   )에 들어갈 알맞은 것을 고르십시오.

① 입이 심심하도록　　　　　　　② 입에 꿀을 먹도록

③ 입에 침이 마르도록　　　　　　④ 입에 거미줄을 치도록

11. 윗글의 중심 생각을 고르십시오.

① 칭찬은 무조건 많이 하면 많이 할수록 효과적이다.

② 칭찬은 반복해서 해도 되지만 말로만 해서는 안 된다.

③ 칭찬은 교육을 위해 비효과적이므로 적게 하는 게 바람직하다.

④ 칭찬의 교육적 효과를 위해서는 칭찬하는 방법에 주의하여야 한다.

※ 다음 신문 기사의 제목을 가장 잘 설명한 것을 고르십시오.

12.

오늘 밤새 동해안에 큰 눈 … 서울은 미세 먼지 물러가

① 오늘 밤 동해안에는 큰 눈이 내리고, 서울은 미세 먼지가 많아질 것이다.

② 오늘 밤 동해안에는 눈이 조금 내리고, 서울은 미세 먼지가 줄어들 것이다.

③ 오늘 밤 동해안에는 잠깐 눈이 내리고, 서울은 미세 먼지가 늘어날 것이다.

④ 오늘 밤 내내 동해안에는 많은 눈이 내리고, 서울은 미세 먼지가 줄어들 것이다.

※ 다음을 읽고 (   )에 들어갈 내용으로 가장 알맞은 것을 고르십시오.

13.

삼은 예로부터 건강에 매우 좋은 식물로 알려져 있다. 이로 인해 다양한 한식에서 삼이 재료로 사용되기도 한다. 삼이 자연 속에서 자연적으로 자라면 그것을 '산삼'이라고 부르는데, 산삼은 그 수가 아주 적어 귀한 식물로 여겨졌다. 그러던 것이 조선 초기에 사람들이 산삼을 직접 키우기 시작하면서 (   ) 이름도 '인삼'으로 불리게 되었다.

① 그 향이 다양해져

② 그 생산량이 많아져

③ 그 종류가 다양해져

④ 그 모양이 다양해져

※ 다음을 읽고 내용이 같은 것을 고르십시오.

14.

> 지구 온난화란 지구가 점점 따뜻해지는 현상을 말하는 것으로 지구 온난화가 진행될수록 많은 지역이 바닷물에 잠기게 되고, 기후 균형이 무너져 가뭄, 태풍, 심한 추위, 심한 무더위 등의 기상 이변 현상들이 세계 곳곳에서 나타나게 된다. 지구 온난화의 원인은 대기 중 이산화탄소가 증가했기 때문인데 미항공우주국(NASA)에 따르면 지구 온난화로 인해 빙하가 녹아 지난 100년 동안 바닷물의 높이가 23cm나 높아졌다고 한다.

① 지구의 온도가 점점 낮아지는 현상을 지구 온난화라고 한다.

② 지구 온난화로 빙하가 녹아서 바다 표면의 높이가 변하였다.

③ 지구 온난화로 인한 기상 이변 현상이 몇 나라에서만 생기고 있다.

④ 지구 온난화의 원인은 대기 중의 이산화탄소가 줄고 산소가 많아지는 것이다.

※ [15~16] 다음 글의 주제로 가장 알맞은 것을 고르십시오.

15.

> 사회생활을 하다 보면 상대방의 의견이 나와 다를 경우 여러 가지 갈등이 생기기도 한다. 그러나 이러한 갈등이 해결되지 않은 채로 오래 가면 바람직하지 않기 때문에 할 수 있는 한 빨리 서로의 의견을 조정해야 한다. 이때 상대방이 나의 생각에 따르도록 만드는 기술이 있다면 좋은데 그것이 바로 설득이다. 사람을 설득할 때는 상대방의 감정을 존중하면서 이성을 움직이는 논리적 설득이 필요하다. 이에 비해 자신의 감정만 드러내서는 상대방의 마음을 움직일 수 없다.

① 설득을 할 때 상대방의 감정은 중요하지 않다.

② 논리적인 설득으로 상대방의 이성을 움직여야 한다.

③ 자신의 감정을 잘 표현해야 상대방을 움직일 수 있다.

④ 사회생활을 하다 보면 의견을 조정할 일이 그렇게 많지는 않다.

16.

> 가게에 들어가서 물건을 제대로 다 구경하기도 전에 쫓아다니면서 물건을 권하는 판매원을 만나면 어떨까? 이것은 마치 아직 주문한 음식을 먹어 보지도 않았는데 음식의 맛이 어떠냐고 물어보는 식당 종업원을 만났을 때만큼 당황스러운 일인 것 같다. 이런 상황에서 "아직 보고 있거든요. 그렇게 계속 쫓아다니니까 물건을 자세히 보려야 볼 수가 없잖아요."라고 항의라도 할 수 있다면 좋겠지만 대부분 우리는 그렇게 할 수 없다. 따라서 좋은 판매원이라면 손님들에게 천천히 둘러볼 시간을 주고 필요할 때 도움을 줄 수 있어야 하지 않을까?

① 손님에게 물건을 많이 팔아야 좋은 판매원이다.

② 좋은 판매원은 손님에게 구경할 시간을 충분히 줄 줄 알아야 한다.

③ 손님이 음식 맛을 어떻게 생각하는지 종업원은 관심을 가져야 한다.

④ 손님이 가게에 들어올 때부터 계속 관심을 보이는 판매원이 좋은 판매원이다.

※ 다음 글에서 〈보기〉의 글이 들어가기에 가장 알맞은 곳을 고르십시오.

17.

> 예전에는 가을만 되면 쉽게 들을 수 있었던 말인 '높고 맑은 가을 하늘'이라는 말은 어느새 옛말이 되어 버렸다. (㉠) 갈수록 심해지는 미세 먼지 때문이다. (㉡) 이 미세 먼지는 우리들의 목과 폐, 눈과 피부를 위협하는 주범이 되고 있다. (㉢) 그때 급속한 경제 성장을 위해 화석 연료를 많이 사용한 것이 지금 문제가 되고 있는 것이다. (㉣)

—————— 〈보 기〉 ——————

90년대 이후 화석 연료 사용을 크게 늘린 것이 원인으로 보인다.

① ㉠   ② ㉡   ③ ㉢   ④ ㉣

※ [18~19] 다음을 읽고 물음에 답하십시오.

오늘은 우리 아이가 유치원생이 되고 처음 하는 공개 수업의 날이었다. 나는 아이가 많은 사람 앞에서 어떤 모습일지 그리고 내가 없는 유치원에서 잘 생활하고 있는지 너무 궁금하여 며칠 전부터 잠까지 오지 않을 정도였다. 그리고 아이가 태어나서 처음 하는 공개 수업이었기 때문에 많은 사람에게 자랑하고 싶은 마음에 남편은 물론 시부모님께도 꼭 오셔야 한다고 연락을 드렸다.

드디어 공개 수업 날이 되었고 첫 순서로 아이들이 한 명씩 앞에 나와 발표를 하는 시간이었다. 순서가 우리 아이 앞인 아이들은 한 명씩 나와 서툴고 떨리는 목소리지만 준비한 내용을 끝까지 포기하지 않고 열심히 말하려고 노력했다. 그 모습은 너무 귀엽고 대견했다. 그리고 드디어 우리 아이의 순서가 되었을 때 갑자기 아이가 발표를 하지 않겠다고 버티는 것이었다. 선생님들도 하지 않겠다고 울먹이는 아이를 어떻게 할 수 없어 "현주는 다음에 하자." 하시면서 다음 아이의 발표를 진행하셨다. 나는 그 순간 그렇게 기다리던 아이의 발표 모습을 보지 못한다는 생각에 <u>다리의 힘이 탁 풀리고</u> 말았다.

---

18. 밑줄 친 부분에 나타난 '나'의 심정으로 알맞은 것을 고르십시오.

① 우울하다   ② 허전하다

③ 실망스럽다   ④ 믿음직스럽다

19. 윗글의 내용과 같은 것을 고르십시오.

① 공개 수업의 첫 번째 순서는 선생님들의 발표로 시작되었다.

② 이 사람은 아이의 첫 공개 수업을 위해 친구들도 많이 불렀다.

③ 선생님들은 포기하려는 아이에게 포기하지 않고 발표를 하도록 독려했다.

④ 아이의 첫 공개 수업에 큰 기대를 했지만 공개 수업은 기대대로 되지 않았다.

아이들의 세계는 어른들이 생각하는 것처럼 그렇게 평화롭지 않다. 사소한 이유로 말다툼을 하고 서로 때리고 싸우는 일도 자주 벌어진다. 하지만 싸움도 하고 화해도 하면서 서로의 마음을 알 수 있게 된다. (   ) 자기 자식이 다른 아이에게 맞고 오면 화가 나는 게 당연하지만 부모가 아이들의 갈등에 끼어드는 것은 좋지 않다. 부모가 끼어들어 해결하는 것은 아이 스스로 문제를 해결해 나가는 과정을 뺏는 일이기 때문이다. 부모에게 모든 것을 의존하는 아이로 키우고 싶지 않다면 아이들의 일은 아이들끼리 해결하도록 해야 한다.

20. (   )에 들어갈 내용으로 가장 알맞은 것을 고르십시오.

① 눈독을 들이는

② 눈에 불을 켜는

③ 눈코 뜰 새가 없는

④ 눈에 넣어도 아프지 않은

21. 윗글의 주제로 알맞은 것을 고르십시오.

① 아이들은 부모의 관심을 받기 위해 싸우기도 한다.

② 지속적인 부모의 관심이 아동 폭력을 해결할 수 있다.

③ 부모가 아이들의 싸움에 참견하는 것은 바람직하지 않다.

④ 아이는 어른의 행동을 보고 따라하므로 행동을 조심해야 한다.

※ **[22~23] 다음 글을 읽고 물음에 답하십시오.**

한국에 온 게 엊그제 같은데 벌써 6년이라는 시간이 흘렀다. 내가 처음 한국에 왔던 날은 추운 겨울날이었다. 인천공항에 도착해 밖으로 나왔다가 뺨을 스치는 차가운 바람에 이런 곳에서 과연 잘 적응할 수 있을까 하는 마음에 <u>그 날씨가 더 춥게 느껴졌던</u> 기억이 지금도 생생하다.

하지만 그런 불안감도 잠시, 막상 생활을 해 보니 한국은 너무나 재미있는 곳이었고 어디에 가든지 항상 친절하게 도와주는 사람을 만날 수 있었다.

그리고 지금 생각해 보면 쥐구멍에라도 숨고 싶을 정도로 낯이 뜨거워지는 실수를 많이 했었다. 대부분 한국 문화를 잘 몰라서 했던 실수인데 한국 사람들이 보는 사람마다 밥 먹었냐고 물어보길래 한국 사람들은 왜 이렇게 모두 밥 얘기만 할까 이상하게 생각한 적도 있었다. 그런데 지금은 그것이 가족, 친구도 없이 외국에서 온 내가 외로울까 봐 챙겨 주기 위해 했던 말이라는 것을 알게 되었다.

이렇게 한국 사람들은 나에게 따뜻한 정을 많이 베풀어 주었고 나 또한 이제 한국이 제2의 고향처럼 느껴진다. 이제 이곳에서 뿌리를 내리고 하는 일도 자리가 잡힐 때까지 최선을 다해서 열심히 노력해야겠다.

22. 밑줄 친 부분에 나타난 심정으로 알맞은 것을 고르십시오.

① 설레다   ② 걱정스럽다

③ 서운하다   ④ 짜증이 나다

23. 윗글의 내용과 같은 것을 고르십시오.

① 한국 사람들이 밥을 먹자고 할 때마다 이 사람은 거절하기가 힘들었다.

② 이 사람은 날씨가 따뜻한 계절에 왔더라면 좋았을 거라고 후회하고 있다.

③ 이 사람의 생각과 달리 한국에서 재미있는 일이 많이 생겼고 좋은 사람도 많았다.

④ 이 사람은 어느 정도 한국 생활을 한 후에 고향에 돌아가서 자리를 잡을 생각이다.

※ [24~25] 다음 글을 읽고 물음에 답하십시오.

제목	점장님께
보낸 사람	eddy@korean.com
받는 사람	nrk@korean.com

굴림 ▾ 10pt ▾ 가 간 가 과 갈 ▾ 쌀 ▾ 틀 틀 틀 틀 틀 틀 ▾ 틀 ▾ 틀 틀   서명 ▾ 이미지편집

안녕하세요?

저는 지난 3월부터 7월 25일까지 근무했던 아르바이트 직원 흐엉이라고 합니다. 제가 이렇게 메일을 드린 것은 다름이 아니라 제가 일한 기간의 아르바이트 임금이 입금되지 않았기 때문입니다. 점장님께서 일이 바쁘셔서 깜빡하셨을 것 같아서 2주 동안 기다렸지만 계속 입금이 안 돼서 이렇게 연락을 드릴 수밖에 없습니다. 그리고 이 부분에 대해 직접 확인하기 위해 여러 번 전화를 드렸으나 통화를 할 수 없어서 이렇게 메일을 드리게 되었습니다.

제가 받지 못한 임금을 계산을 해 봤더니 백만 원이 조금 못 되는 돈이더라고요. 그렇게 큰돈이 아닐 수도 있겠지만 저에게는 꼭 필요한 돈이기 때문에 가능한 한 빨리 입금을 해 주셨으면 좋겠습니다.

점장님께서 입금해 주신다고 약속한 기간이 이미 2주가 지났기 때문에 일주일만 더 기다렸다가 그래도 입금이 되지 않으면 고용노동부에 신고를 할 수밖에 없을 것 같습니다. 아무쪼록 그런 일이 생기지 않도록 잘 부탁드리겠습니다.

제 계좌 번호는 점장님 휴대 전화에 문자로 다시 보내 놓도록 하겠습니다.

그럼 항상 건강하시고 잘 부탁드리겠습니다.

Editor   HTML   TEXT

24. 윗글을 쓴 목적으로 알맞은 것을 고르십시오.

① 자신이 아르바이트했던 곳에서 못 받은 급여를 받기 위해서

② 자신이 아르바이트했던 곳에서 다시 아르바이트를 하기 위해서

③ 자신이 아르바이트했던 곳에 적당한 다른 사람을 소개하기 위해

④ 같이 아르바이트했던 사람이 연락이 되지 않아서 알아보기 위해서

25. 윗글의 내용과 같은 것을 고르십시오.

① 이 사람은 못 받은 임금을 받기 위해 이미 3주 정도를 기다렸다.

② 메일을 받는 사람이 이 사람에게 여러 번 전화했지만 전화를 받을 수 없었다.

③ 이 사람은 이곳에서 5개월 정도 일을 했고 지금은 이곳에서 일을 하지 않는다.

④ 이 사람은 이미 신고를 했기 때문에 메일을 받은 사람은 바로 임금을 주어야 한다.

1과 선생님과 친구들이 도와준 덕분입니다.

어휘

1

1) 오늘 우리 아이 반에서 (공개 수업)을 한대요. 아이가 수업을 잘 받는지 직접 볼 수 있을 것 같아요.

2) 이번 금요일에는 아이를 위해서 김밥을 싸야 할 것 같아요. 아이 학교에서 (체험 학습)을 가거든요.

3) 우리 아이가 이번에 반에서 회장이 됐어요. (학급) 대표로 뽑혔어요.

4) (학부모) 여러분, 안녕하십니까? 저는 3학년 2반 (담임)을 맡은 김영철입니다. 오늘 여러분을 모신 것은 (학기 안내)를 하기 위해서입니다.

5) 이번 토요일에 아이 학교에서 (운동회)를 한대요. 아이가 자기는 달리기를 못한다고 걱정하고 있어요.

6) 저는 직장에 다니는 엄마예요. 그래서 아이가 학교가 끝나면 아이를 돌봐 줄 사람이 없어요. 그런데 요즘에는 학교에 (방과 후 수업)이 있어서 다행이에요.

2

1) 아이를 돌봐 줄 사람을 구하려고 주민 센터에 (아이 돌봄 서비스)를 신청했어요.

2) 우리 부부는 (맞벌이)예요. 그래서 우리가 직장에서 일하는 동안 아이를 돌봐 줄 (도우미)가 필요해요.

3) 저는 지난달까지 직장에 다녔어요. 그런데 아이가 혼자 있는 시간이 너무 많아서 미안한 마음이 컸어요. 그래서 이번 달부터 직장을 그만두고 (전업주부)가 되기로 했어요.

4) 우리 남편은 아주 친절하고 좋은 사람이에요. 그래서 집안일뿐만 아니라 아이를 돌보는 (육아)까지 많이 도와주고 있어요.

3

가: 이번 학기에 학부모 대표로 1) 뽑힌 김미숙이에요. 선생님, 잘 부탁드려요.

나: 어머님, 반갑습니다. 번거로운 일을 맡아 주셔서 정말 감사합니다.

가: 오늘 어머님들과 2) 의논하고 싶은 것이 있어서 뵙자고 했어요. 다음 주 토요일에 학교 대강당에서 학부모 3) 바자회를 열려고 해요. 집에 필요 없는 물건을 가지고 와서 파시면 됩니다.

나: 혹시 직접 만든 것도 괜찮나요?

가: 그럼요. 그리고 이 안내문은 오늘 4) 참석하지 못한 분들에게 좀 전해 주시겠어요?

나: 네, 알겠습니다.

문법 ❶

연습 1

1) 가: 다음 주부터 장마가 시작된다면서요?

　　나: 네, 아무래도 다음 주 소풍은 취소해야겠어요.

2) 가: 다음 주가 미영 씨 아들 돌이라면서요?

　　나: 벌써 그렇게 됐어요?

3) 가: 집에서 강아지를 기른다면서요?

　　나: 어떻게 아셨어요? 아주 귀여워요. 여기 사진 보실래요?

4) 가: 내일 우리 아파트 엘리베이터를 수리한다면서요?

　　나: 네, 내일은 계단을 이용해야 하니 다리 좀 아프겠어요.

연습 2

1) 자가: 에디 씨, 요즘 피아노를 배운다면서요?

　　에디: 네, 그런데 아직 잘 못 쳐요.

2) 사만나: 아빠, 내일은 회사에 안 가도 된다면서요?

　　미셸: 응, 우리 어디 놀러 갈까? 가고 싶은 데 있어?

3) 김석훈: 아미르 씨, 이번 휴가 때 인도에 갔다 오려고 한다면서요?

　　아미르: 네, 고향에 안 간 지 너무 오래돼서요.

문법 ❷

연습 1

1) 지나가던 사람이 길을 가르쳐 준 덕분에 잘 찾아갈 수 있었어요.

2) 옆집 사람이 119에 전화해 준 덕분에 아이를 바로 병원에 데려갈 수 있었어요.

3) 시어머니께서 김치를 담가 주신 덕분에 겨울 동안 맛있는 김치를 먹었어요.

4) 친구가 친절하게 안내를 해 준 덕분에 편안하게 여행을 할 수 있었어요.

연습 2

1) 가: 시험 어땠어요? 어려웠어요?

　　나: 아니요, 친한 한국 친구가 공부를 도와준 덕분에 별로 어렵지 않더라고요.

2) 가: 오늘하고 내일 단수죠? 불편해서 어떡해요?

　　나: 우리 집은 괜찮아요. 경비 아저씨가 단수되는 것을 알려 준 덕분에 미리 물을 받아 놓았거든요.

3) 가: 고향 친구들은 잘 배웅했어요?

　　나: 네, 늦게 일어나서 비행기 출발 시간에 못 맞출 뻔했는데 남편이 자동차로 데려다준 덕분에 무사히 비행기를 탈 수 있었어요.

문법 ❸

연습 1

1) 이 제품은 가격에 비하면 품질이 아주 좋아요.

2) 한국의 겨울 날씨는 몽골에 비해서 안 추운 편이에요.

3) 요즘 추석 선물은 예전에 비하면 저렴한 것이 더 인기가 많아요.

4) 그동안 노력한 것에 비해서 결과는 좋지 못했어요.

연습 2

1) 가: 왜 이사하려고 해요?

　　나: 월세에 비해서 집이 작고 살기 불편해요.

2) 가: 새로 산 구두는 왜 안 신고 다녀요?

　　나: 편해 보여서 샀는데 값에 비해서 불편해서 잘 안 신게 돼요.

3) 가: 나레카 씨는 매운 음식을 못 먹어요?

　　나: 네, 우리나라 음식은 한국 음식에 비해서 맵지 않아서 매운 음식에 익숙하지 않아요.

4) 가: 와, 오늘 왜 이렇게 길이 많이 막히죠?

　　나: 퇴근 시간에 비하면 지금 덜 막히는 거예요.

읽고 쓰기

1) ① '워킹 맘, 워킹 대디 지원 센터'를 만들었다.

　　② 이혼·미혼(한 부모) 가정의 자녀를 위한 '양육비 지원'을 시작할 예정이다.

　　③ 출산 여성들의 사회 활동을 돕는 프로그램과 산후조리원 비용을 할인해 주는 서비스를 시작한다.

2) ① ○

　　② ×

　　③ ×

2과　야간만 아니면 괜찮아요.

어휘

1

1) (근무 시간)은 오전 9시부터 오후 3시까지예요.

2) (근무 장소)는 다문화가족지원센터 앞 카페예요.

3) (야간)이 아니라 주간에 일할 수 있어서 좋아요. 아이가 4시에 집에 오거든요.

4) (주당) 근무 일수는 3일이에요. 월요일, 수요일, 금요일에 일해요.

5) 제 (업무)는 카페에서 주문을 받는 거예요. 카페 청소도 해요.

6) 급여는 일한 시간을 계산해서 (시간제)로 돈을 받아요.

7) (근무 기간)은 최소 6개월이에요. 저는 1년 이상 하고 싶어요.

2

1) 아르바이트를 하면 돈을 벌면서 (경험)도 쌓을 수 있다.

2) 외국인 아르바이트를 (모집하는) 광고를 보았다.

3) 아르바이트할 사람을 뽑을 때 외국어를 잘하면 더 (우대하는) 가게가 많다. 최근 외국인 손님이 많이 오기 때문이다.

4) 나는 아기를 좋아해서 아기를 (돌보는) 아르바이트를 찾고 있다.

5) 이번 주 다문화 행사에 참여할 사람은 다문화가족지원센터에 미리 신청서를 (접수해야) 한다.

문법 ❶

연습 1

1) 여러분께서도 아시다시피 다음 주에 다문화 축제가 있으니까 많이 와 주세요.

2) 지난번에 선생님께 말씀드렸다시피 제가 다음 주부터 출장이 있습니다.

3) 어제 우리가 같이 이야기했다시피 이번 주 토요일 10시에 지하철역에서 모입니다.

연습 2

1) 가: 한국 음식을 정말 잘 먹네요.

　나: 네, 저는 한국 음식을 좋아해서 거의 매일 먹다시피 해요.

2) 가: 피곤해 보여요.

　나: 요즘 회사에 일이 많아서 거의 매일 밤을 새우다시피 해요.

3) 가: 어떻게 한국 노래를 그렇게 많이 알아요?

　나: 저는 K-POP을 좋아해서 가사를 거의 외우다시피 해요.

4) 가: 흐엉 씨, 수미 씨하고 자주 만나는 것 같아요.

　나: 맞아요. 우리는 단짝이라서 거의 매일 만나다시피 해요.

문법 ❷

연습 1

1) 가: 우리 뭐 먹을까요?

　나: 면을 먹든지 밥을 먹든지 다 좋아요.

2) 가: 밝은색 옷과 어두운색 옷 중에서 저한테 뭐가 더 어울려요?

　나: 밝은색 옷을 입든지 어두운색 옷을 입든지 다 어울려요.

3) 가: 민수야, 주말인데 왜 이렇게 잠만 자고 있어? 친구를 만나든지 운동을 하든지 하는 게 어때?

　나: 네, 알겠어요.

연습 2

1) 주미 씨는 누구를 만나든지 항상 친절해요.

2) 투 씨는 어디에 가든지 고향의 가족을 생각해요.

3) 우리 선생님은 어떤 학생을 가르치든지 언제나 최선을 다해요.

4) 미영 씨는 무슨 음식을 먹든지 맛있게 먹어요.

문법 ❸

연습 1

1) 까만색만 아니면 다 좋아요.

2) 먼 곳만 아니면 다 괜찮아요.

3) 칼로리가 높은 음식만 아니면 다 먹어요.

4) 시끄러운 노래만 아니면 다 좋아해요.

연습 2

1) 가: 어떤 음식을 좋아해요?

　나: 매운 음식만 아니면 다 잘 먹어요.

2) 가: 어느 요일에 만나는 것이 편해요?

　나: 주말만 아니면 아무 때나 좋아요.

3) 가: 이번 연휴에 좋은 계획 있어요?

　나: 아니요, 시험공부만 아니면 여행을 갈 텐데….

읽고 쓰기

1) ① ○

　② ×

　③ ○

2) 시급, 업무, 근무 시간 등의 조건을 잘 알아보아야 한다.

3과　성격도 밝고 친구가 얼마나 많은지 몰라요.

어휘

1

1) 바자회

2) 운동회

3) 상담

4) 전시회

5) 입학식

6) 소풍

2

1) 선생님, 우리 아이가 학교생활에 (적응)을 잘하는지 걱정입니다.

2) 사만나는 (성격)이 밝아서 친구들이 많아요.

3) 우리 아이가 무엇을 잘하는지 무엇에 (소질)이 있는지 모르겠어요.

4) 아이의 (적성) 검사를 했는데 음악을 가르치는 것이 좋대요.

3

1) (신청서)

2) (학부모)

3) (직접)

4) (관계)

5) (학습)

6) (태도)

7) (급식)

문법 ❶

연습 1

−대요		−ㄴ대요	
아프다	아프대요	가다	간대요
맵다	맵대요	*살다	산대요

−는대요	
찾다	찾는대요
끊다	끊는대요

−내요		−으내요	
싸다	싸내요	작다	작으내요
바쁘다	바쁘내요	좋다	좋으내요

−내요	
좋아하다	좋아하내요
먹다	먹내요

래요		이래요	
의사	의사래요	시험	시험이래요
숙제	숙제래요	졸업식	졸업식이래요

연습 2

자가: 남편이 연극 이름이 뭐내요.

나트: 석훈 씨가 예매했는데 연극 이름이 '지구를 지켜라'래요.

자가: 어디에서 봐요?

나트: C아트센터에서 본대요.

자가: 가격은 얼마예요?

나트: 55,000원이래요.

자가: 연극은 어떤 내용인지 알아요?

나트: 우리 사회의 갈등과 아픔을 해학과 풍자로 표현한 코미디래요.

문법 ❷

연습 1

−재요		−재요	
돌아가다	돌아가재요	듣다	듣재요
보다	보재요	먹다	먹재요

−래요		−으래요	
외우다	외우래요	입다	입으래요
*열다	열래요	*걷다	걸으래요

연습 2

1) 가: 선생님께서 방금 뭐라고 하셨어요?

   나: 선생님께서 시험까지 모두 열심히 노력하재요.

2) 가: 여보, 지금 퇴근하는 길인데 뭐 사 갈 거 있어요?

   나: 올 때 재미있는 그림책 좀 사 오세요. 사만나가 그림책 읽어 달래요.

3) 가: 엔젤 씨, 학부모 상담 몇 시에 갈 거예요?

   나: 아직 잘 모르겠는데 선생님께서 3시에서 5시 사이에 오래요.

문법 ❸

연습 1

아무리 −아도		아무리 −어도	
가다	아무리 가도	쉬다	아무리 쉬어도
찾다	아무리 찾아도	*듣다	아무리 들어도

아무리 해도	
설명하다	아무리 설명해도
청소하다	아무리 청소해도

연습 2

1) 가: 여보세요? 제가 조금 전에 가게에 지갑을 두고 왔어요. 몇 시까지 문을 여세요?

   나: 아무리 늦어도 9시 전까지 오세요. 9시에 문을 닫거든요.

2) 가: 이 작가가 그렇게 유명해요?

   나: 네, 이번에 문학상을 받은 작가예요. 아무리 돈이 없어도 이 책은 꼭 살 거예요.

3) 가: 더운데 문 좀 열면 안 돼요?

   나: 아무리 더워도 문을 열면 안 돼요. 밖에 모기가 너무 많거든요.

4) 가: 피곤해서 숙제 안 하고 그냥 자고 싶어요.

   나: 아무리 피곤해도 오늘 할 일은 다 하고 자야 돼요.

> ◆ 가수: 스위트 소로(SWEET SORROW)
> ◆ 노래 제목: 아무리 생각해도 난 너를
>
> 아무리 <u>생각해도</u> 난 너를
> 아무리 <u>생각해도</u> 난 너를
> 잊은 듯 눈 <u>감아도</u> 난 너를
> 아닌 듯 <u>돌아서도</u> 난 너를
> 조금만 <u>솔직해도</u> 나 너를
> 그렇게 <u>아파하도록</u> 너를
> 이렇게 <u>바라보도록</u>
> 쓸쓸한 눈으로 다만 웃고만 있었지

문법 ❹

연습 1

얼마나 -(으)ㄴ지 모르다		얼마나 -는지 모르다	
성실하다	얼마나 성실한지 모르다	막히다	얼마나 막히는지 모르다
작다	얼마나 작은지 모르다	찾다	얼마나 찾는지 모르다

연습 2

1) 가: 요즘 한국 날씨가 어때요?
　 나: 폭염이 계속돼서 얼마나 <u>더운지 몰라요</u>.

2) 가: 제주도 여행 어땠어요?
　 나: 남편과 같이 처음 갔는데 얼마나 <u>재미있었는지 몰라요</u>.

3) 가: 음식이 매운데 아이가 먹어도 괜찮 겠어요?
　 나: 괜찮아요. <u>얼마나 잘 먹는지 몰라요</u>.

4) 가: 쇼핑을 할까 하는데 동대문 시장은 어때요?
　 나: 물건도 싸고 <u>종류가 얼마나 많은지 몰라요</u>.

읽고 쓰기

1) ② 아이가 사춘기가 와서
2) ① 학기 초 상담은 아이 정보에 대해 말해야 한다.
　 ③ 상담 후에 아이가 잘 못하는 것에 대해 알게 되었다.

4과　자격증이 있어야 일할 수 있나요?

어휘

1

1) 가: 한국에서 취업하고 싶어요. 무엇을 준비해야 돼요?
　 나: <u>이력서</u>, <u>증명사진</u>, <u>자기소개서</u>를 준비하세요.

2) 가: 무엇을 보고 있어요?
　 나: 일자리를 찾고 싶어서 공고를 보고 있었어요.
　 가: 그럼 옆에 있는 공고를 봐야지요.
　 나: 뭐가 달라요?
　 가: <u>구인</u>은 직원을 구하는 회사에서 쓰는 단어이고 내가 직업을 구할 때는 <u>구직</u>이에요.

3) 가: 네, 한국전기입니다.
　 나: 취업에 대한 <u>문의</u>가 있어서 전화드렸습니다. 제가 한국 회사에서 일한 경험이 없는데 지원할 수 있습니까?
　 가: 괜찮습니다. 경험이 없으면 <u>신입</u> 사원에 지원하시면 되고 경험이 있는 사람은 <u>경력</u> 사원에 지원하시면 됩니다.

4) 가: 무슨 걱정이 있어요?
　 나: 네, 취업하고 싶은데 마음에 드는 곳을 못 찾았어요.
　 가: 그럼 취업 센터에서 <u>상담</u>해 보세요. 원하는 <u>근무 조건</u>을 말하면 마음에 드는 곳을 소개해 줄 거예요.

5) 가: 4대 보험이 뭐예요?
　 나: 국민연금, 건강 보험, 고용 보험, 산재 보험 4가지인데요. 한국에서 직장인이 되면 가입되는 거예요.

2

1) 시급 – <u>한 시간 일하고 받는 돈</u>
2) 일당 – <u>하루 동안 일하고 받는 돈</u>
3) 주급 – <u>일주일 일하고 받는 돈</u>
4) 월급 – <u>한 달 동안 일하고 받는 돈</u>
5) 연봉 – <u>일 년 동안 일하고 받는 돈</u>

3

1) 영어도 잘하고 한국어도 잘하니까 (통역을 하면) 좋을 것 같아요.

2) 일을 시작하기 전에 의료 용어에 대한 (사전 교육을 받아야 해요).

3) 중학교나 고등학교에서 선생님으로 일하려면 교사 임용 (시험에 합격해야 해요).

4) 흔글과 엑셀(Excel) 등 (컴퓨터 프로그램을 잘 다루면) 사무실에서 일하는 직업을 찾아보세요.

5) 바리스타 (자격증을 따서) 커피숍에서 일하고 싶어요.

문법 ❶

연습 1

1) 지금 당장 출발하지 않으면 안 돼요.

2) 어른에게 존댓말을 쓰지 않으면 안 돼요.

3) 구두를 사기 전에 신어 보지 않으면 안 돼요.

4) 운전하려면 운전면허증을 따지 않으면 안 돼요.

연습 2

1) 가: 한국에서 미용사로 일하려면 무엇이 필요하나요?
   나: 먼저 자격증을 따지 않으면 안 돼요.

2) 가: 연휴 때 기차로 여행 가고 싶어요.
   나: 여행 전에 기차표를 예매하지 않으면 안 돼요.

3) 가: 오늘 저녁에 영화 볼까요?
   나: 미안해요. 이 일을 오늘까지 끝내지 않으면 안 돼요.

4) 가: 나중에 수술해도 되나요?
   나: 나빠지기 전에 수술하지 않으면 안 돼요.

문법 ❷

연습 1

-ㄴ 반면(에)		-은 반면(에)	
비싸다	비싼 반면(에)	많다	많은 반면(에)
크다	큰 반면에	좋다	좋은 반면에
*힘들다	힘든 반면에	*덥다	더운 반면에

-는 반면(에)	
가다	가는 반면(에)
먹다	먹는 반면에
읽다	읽는 반면에

연습 2

1) 그 사람은 일하는 속도가 빠른 반면에 가끔 실수해요.

2) 그 사람은 영어는 잘하는 반면에 중국어는 못해요.

연습 3

1) 가: 나트 씨, 요즘 한국말 공부가 어때요?
   나: 말하기는 잘하는 반면에 쓰기는 아직 잘 못해요.

2) 가: 신용 카드가 있어서 편한 것 같아요.
   나: 그런데 신용 카드가 편한 반면에 소비를 많이 하게 되는 것 같아요.

3) 가: 새로 이사 간 집이 어때요?
   나: 회사는 먼 반면에 아이들 학교는 가까워요.

문법 ❸

연습 1

1) 스트레스가 적어야 건강할 수 있어요.

2) 여섯 시가 되어야(돼야) 퇴근할 수 있어요.

3) 돈을 아껴 써야 집을 마련할 수 있어요.

4) 열심히 준비해야 회사에 취직할 수 있어요.

연습 2

1) 가: 어떻게 하면 그 식당에서 식사할 수 있어요?
   나: 미리 예약해야 식사할 수 있어요.

2) 가: 어떻게 하면 건강을 회복할 수 있어요?
   나: 좋은 음식을 많이 먹어야 건강을 회복할 수 있어요.

3) 가: 어떻게 하면 통역 일을 할 수 있어요?
   나: 자격증을 따야 통역 일을 할 수 있어요.

읽고 쓰기

1) ① 직원은 한 달에 4일을 쉰다.

2) 문자로 연락해야 합니다.

5과 한국어 말하기 연습을 더 많이 할걸 그랬어요.

어휘

1

1) 지원하신 서류가 접수되었습니다.

2) 서류 전형 결과는 4월 14일 금요일에 16:00에 센터 홈페이지에 공고할 계획이니 확인 후 면접 전형에 응시하시기 바랍니다.

3) 서류 전형 <u>합격</u>을 축하드립니다.

4) <u>면접 전형</u>은 4월 20일 14:00~14:30이며, 자세한 사항은 개별 메일로 전달됩니다.

5) <u>수험표</u>와 지원서를 준비해 주시기 바랍니다.

6), 7) 면접 대상자는 <u>대기 장소(107호)</u>에 30분 전에 도착하여 면접 순서를 기다려 주시기 바랍니다.

8) 아쉽게도 이번 채용에 불합격되었음을 알려드립니다.

9) 외국인교류센터에 <u>최종 합격</u>을 축하드립니다.

2

1) 자신 있다

2) 긴장되다

3) 후회되다

4) 간절하다

5) 아쉽다

6) 부럽다

문법 ①

연습 1

1) 가: 어제 배운 문법이 어려워요.

　나: 더 연습하면 <u>익숙해질 테니까</u> 걱정하지 마세요.

2) 가: 요즘 공사 때문에 학교 앞이 시끄러워요.

　나: 불편하겠네요. 공사가 끝나면 <u>조용해질 테니까</u> 조금만 기다려 보세요.

3) 가: 청소를 못 해서 집이 엉망이네……

　나: 오늘은 제가 <u>청소를 할 테니까</u> 엄마는 쉬세요.

연습 2

민수 씨, 제가 지금 회의 중이에요. 나중에 제가 <u>전화할 테니까</u> 기다려 주세요.

근무 시간에는 민수 씨도 <u>바쁠 테니까</u> 제가 퇴근 시간 후에 전화드릴게요.

문법 ②

연습 1

1) 가: 새 신발이에요? 예쁘네요.

　나: 지난주에 샀어요. 그런데 오늘 오는 길에 똑같은 신발인데 더 싼 것을 발견했어요. <u>비교해 보고 살걸 그랬어요.</u>

2) 가: 스미스 씨, 부모님께서는 건강하시지요?

　나: 아니요. 아버지께서 건강이 좀 나빠지셨어요. 평

소에 술을 많이 드셨거든요. <u>못 드시게 할걸 그랬어요.</u>

3) 가: 나레카 씨, 혼자 사니까 좋아요?

　나: 네, 편하고 좋은데 요리를 못해서 좀 불편해요. 시간이 있을 때 요리를 좀 <u>배워 둘걸 그랬어요.</u>

4) 가: 어제 본 영화 어땠어요?

　나: 그저 그랬어요. <u>다른 영화를 볼걸 그랬어요.</u>

5) 가: 와! 길이 너무 막히네요.

　나: 좀 더 일찍 <u>출발할걸 그랬어요.</u>

6) 가: 성수기도 아닌데 비행기표 값이 너무 올랐네요.

　나: 미리 <u>예매할걸 그랬어요.</u>

문법 ③

연습 1

1) <u>한국어 말하기 연습을 많이 했더라면</u> 면접에서 떨어지지 않았을 겁니다.

2) 집에서 <u>늦게 출발하지 않았더라면/일찍 출발했더라면</u> 기차를 놓치지 않았을 겁니다.

3) 비행기표를 <u>늦게 사지 않았더라면/일찍 샀더라면</u> 비행기표를 싸게 샀을 겁니다.

4) 옷을 <u>얇게 입지 않았더라면/두껍게 입었더라면</u> 감기에 걸리지 않았을 겁니다.

연습 2

1) 아침에 일기 예보를 <u>확인했더라면</u> 우산을 챙겼을 텐데.

2) 아내 생일인지 <u>알았더라면</u> 생일 축하한다는 말을 하고 출근했을 텐데.

읽고 쓰기

1) ① <u>✕</u>
　② <u>✕</u>
　③ <u>○</u>

2) ④ <u>했더라면 좋았을 텐데</u>

3) ④ <u>선택과 후회</u>

6과 그 회사에 합격하다니 정말 대단해요.

어휘

1

1) 요리사 자격증 시험

2) 대기업 입사 시험

3) 대학교 입학시험

4) 대학원 입학시험

5) 국적 취득 시험(귀화 시험)

6) 공무원 시험

7) 운전면허 시험

8) 한국어능력시험

문법 ①

연습 1

1) 가: 민수 씨가 시험에서 떨어지다니 믿을 수가 없네요.

　나: 부모님이 편찮으셔서 공부를 못 했대요.

2) 가: 혼자 술을 마시다니 안 좋은 일 있어요?

　나: 네, 요즘 취업 준비 때문에 스트레스가 많아요.

3) 가: 이렇게 어려운 책을 읽다니 정말 대단해요.

　나: 아니에요, 그렇게 어렵지 않아요. 좀 길지만 재미있어요.

연습 2

1) 80세 할아버지가 마라톤을 완주하다니!

2) 강아지가 자전거를 타다니!

3) 겨울에 바다에서 수영을 하다니!

문법 ②

연습 1

1) 설명서에서 본 대로 사용했어요.

2) 시어머니께서 가르쳐 주신 대로 만들었어요.

3) 선생님이 말을 하는 대로 쓰세요.

4) 여러분 나라의 경제에 대해서 아는 대로 말해 주세요.

연습 2

1) 여보, 회사에 일이 많아서 계획대로 7월에 여행 가기는 힘들 거 같아요.

2) 큰 용기가 필요했을 텐데 거짓말하지 않고 사실대로 말해 줘서 고마워.

3) 의사가 담배를 끊으라고 해서 의사의 조언대로 담배를 끊었어요.

4) 저는 다 잘 먹으니까 오늘 점심 메뉴는 마음대로 정하세요.

문법 ③

연습 1

1) 가: 아이를 키우는 것이 힘들지 않아요?

　나: 가끔 힘들지만 아이가 건강하게 자라는 모습을 보면 기쁠 뿐이에요.

2) 가: 이분이 에디 씨 여자 친구예요?

　나: 아니요. 저희는 그냥 친구일 뿐이에요.

3) 가: 샌드위치를 정말 좋아하나 봐요.

　나: 별로 좋아하지 않아요. 시간이 없어서 자주 먹을 뿐이에요.

4) 가: 무슨 일이 있어요? 화난 것처럼 보여요.

　나: 아니요, 아무 일도 없어요. 조금 피곤할 뿐이에요.

연습 2

1) 가: 불고기를 잘 만들었네요. 요리 배웠어요?

　나: 아니에요. 요리책을 보고 만들었을 뿐이에요.

2) 가: 어떻게 다이어트에 성공했어요?

　나: 별거 없어요. 저녁마다 공원에서 운동했을 뿐이에요.

읽고 쓰기

1) 직업의 안정성이 가장 높기 때문이에요.

2) ① ×
　② ○

7과 움직이지 말고 쉬게 하세요.

어휘

1

1) 체온을 재다

2) 밴드를 붙이다

3) 물약을 먹다

4) 알약을 먹다

5) 주사를 맞다

6) 링거(수액)를 맞다

7) 연고를 바르다

8) 지혈을 하다

2

　아픔을 느끼는 것을 통증이라고 한다. 통증에는 여러 가지가 있다. 머리가 아픈 것을 1) 두통, 이가 아픈 것을 2) 치통, 배가 아픈 것을 3) 복통이라고 한다.

　'-제'는 4) 약이라는 뜻이다. 5) 해열제는 열을 내리는 약이다. 고열이 있을 때 먹는다. 6) 소화제는 소화가 잘 안 될 때 먹는다. 통증이 심하면 7) 진통제를 먹는다.

　우리 몸에 상처가 나면 상처 부위에 8) 염증이 생길 수 있다. 이것이 심해지면 위험하기 때문에 상처 부위를 깨끗하게 소독해야 한다. 또는 9) 항생제 주사를 맞기도 한다.

문법 ❶

연습 1

1) 가: 아이가 요즘 감기에 자주 걸려요.

　나: 그러면 자주 손을 씻게 하세요.

2) 가: 여러분, 수업 시간에는 전화벨 소리가 나지 않게 하세요.

　나: 네, 알겠습니다.

3) 가: 우리 부모님은 제가 어릴 때 일찍 자고 일찍 일어 나게 하셨어요.

　나: 부모님께서 정말 좋은 습관을 만들어 주셨네요.

연습 2

1) 선생님이 학생에게 새 단어를 외우게 합니다.

2) 선생님이 학생에게 모르는 것을 질문하게 합니다.

3) 선생님이 학생에게 배운 단어로 문장을 만들게 합니다.

4) 선생님이 학생에게 다른 친구와 말하기 연습을 하게 합니다.

문법 ❷

연습 1

1) 중요한 약속을 메모했는데도 잊어버렸어요.

2) 옷을 많이 입었는데도 춥네요.

3) 어제 일찍 잤는데도 오늘 아침에 늦게 일어났어요.

연습 2

1) 시험공부를 열심히 했는데도 시험을 잘 못 봤어요.

2) 친구를 1시간이나 기다렸는데도 친구가 오지 않았어요.

3) 그 책을 2번 읽었는데도 내용이 전혀 생각나지 않아요.

4) 어제 깨끗하게 청소했는데도 집이 다시 지저분해졌어요.

문법 ❸

연습 1

1) 다문화가족지원센터에 문의한 결과 한국어 교실은 다음 주에 시작한대요.

2) 여행 계획을 세워 본 결과 KTX로 가는 것이 제일 편할 것 같아요.

3) 병원에서 건강 검진을 받은 결과 건강에 문제가 없대요.

연습 2

1) 열심히 공부한 결과 시험에 합격했어요.

2) 매일 운동한 결과 몸이 건강해졌어요.

3) 스트레스를 많이 받은 결과 정신 건강이 나빠졌어요.

4) 꾸준히 저축한 결과 부자가 되었어요.

읽고 쓰기

1) 지혈하는 방법

2) 누른다, 깨끗하게 씻는다, 높게 해야

8과　**가족관계증명서 발급 방법에 대해 물어보려고요.**

어휘

1

1) 출생신고를 하다

2) 가족관계증명서를 발급받다 / 떼다

3) 수수료를 내다

4) 혼인관계증명서를 발급받다/ 떼다

5) 가정 양육 수당을 신청하다

6) 번호표를 뽑다

2

1) 임신 후 10달이 지나면 출산을 합니다.

2) 아기를 낳으면 병원에서 아기의 출생증명서를 발급해 줍니다.

3) 아기 출생 신고는 한 달 이내에 해야 합니다. 이때 출생증명서와 신분증이 필요합니다.

4) 출생 신고 서류에 써야 할 것이 많습니다. 가족관계증명서가 있으면 서류를 쓸 때 도움이 됩니다.

5) 출생 신고를 한 달 이내에 하지 않으면 과태료를 내야 합니다.

3

1) 사는 지역에 따라 복지 혜택이 조금씩 다릅니다.

2) 출산 장려금도 지역에 따라 다른데 보통 첫째 아이는 없고 둘째 아이를 낳을 때부터 주는 곳이 많습니다.

3) 아이를 어린이집이나 유치원에 보내지 않고 집에서 키우면 가정 양육 수당을 받을 수 있습니다.

4) 아이행복카드를 신청하면 어린이집, 유치원 학비를 지원받을 수 있습니다.

문법 ❶

연습 1

1) 계절에 따라 옷차림이 달라져요.

2) 요일에 따라 비행기 요금이 달라요.

3) 시험 점수에 따라 합격과 불합격이 결정돼요.

연습 2

1) 가: 여기 신문 좀 보세요. 지방은 집값이 진짜 싸네요.
   나: 지역에 따라 집값이 크게 차이가 나죠.

2) 가: 이 책은 여러 번 읽으면 좋대요.
   나: 저도 어렸을 때 읽고 자라면서 여러 번 다시 읽었는데 나이에 따라 다르게 느껴지더라고요.

3) 가: 아이들 방학은 모두 같아요?
   나: 아니요. 시기와 기간은 학교에 따라 조금씩 달라요.

4) 가: 아이가 이번 담임 선생님을 너무 좋아해요. 선생님이 재미있대요.
   나: 선생님 성격에 따라 반 분위기가 많이 달라지는 것 같아요.

문법 ❷

연습 1

1) 가: 컴퓨터를 사고 싶은데 어떤 컴퓨터가 좋아요?
   나: 글쎄요, 저도 컴퓨터에 대해서 잘 몰라요.

2) 가: 이번에 새로 오신 부장님은 어떤 분이세요?
   나: 잘 몰라요. 저도 부장님에 대해 들은 게 전혀 없어요.

3) 가: 이번 토요일에 사물놀이 공연 보러 갈래요?
   나: 사물놀이요? 사물놀이에 대해 자세히 알고 싶어요.

4) 가: 뭘 도와 드릴까요?
   나: 오늘 여기서 전통 춤에 대한 강연이 있다고 해서 왔는데 어디로 가면 돼요?

연습 2

• 오늘은 '조기 영어 교육'에 대한 토론을 할 거예요.
   모어를 배우는 것처럼 무의식적으로 외국어를 습득할 수 있기 때문에 조기 영어 교육에 대해 찬성합니다.
   아이의 모어 능력이 제대로 발달하지 못하기 때문에 조기 영어 교육에 대해 반대합니다.

• 오늘은 '안락사'에 대한 토론을 할 거예요.
   치료 가능성이 없는 환자가 더 이상 고통을 받지 않기 때문에 안락사에 대해 찬성합니다.
   인간의 생명을 가볍게 생각하고 악용될 수 있기 때문에 안락사에 대해 반대합니다.

문법 ❸

연습 1

-아서인지		-어서인지	
떠나다	떠나서인지	떨어지다	떨어져서인지
맞다	맞아서인지	굶다	굶어서인지
보다	봐서인지	*슬프다	슬퍼서인지
*바쁘다	바빠서인지	*어렵다	어려워서인지

해서인지	
필요하다	필요해서인지
운동하다	운동해서인지
예약하다	예약해서인지
청소하다	청소해서인지

연습 2

1) 날씨가 <u>추워서인지</u> 밖에 사람이 별로 없어요.

2) 물건을 싸게 <u>팔아서인지</u> 가게에 손님이 많아요.

3) 비가 <u>와서인지</u> 밖에 나가기 싫어요.

4) 어제 무리를 <u>해서인지</u> 자꾸 졸려요.

5) 아침에 눈이 <u>내려서인지</u> 지하철을 타는 사람이 많아요.

6) 요즘 스트레스를 <u>받아서인지</u> 잠을 통 못 자요.

7) 급하게 <u>먹어서인지</u> 소화가 잘 안 돼요.

읽고 쓰기

2

1) ④ 가정 양육 수당의 만족도 및 적정 금액

2) ③ 가정에서 키울 때 드는 금액보다 지원금이 적기 때문에

3

① 실제 양육에 필요한 비용이 모자라서

② 보육료보다 지원 금액이 적어서

1) 가정 양육 수당에 대해 불만족인 부모가 많다.

2) 가정 양육을 하기에 양육 수당이 부족하다.

3) 현실적으로 양육 수당을 인상해야 할 필요성이 있다.

보충 · 복습(1~8과) 정답

듣기

1. ③	2. ②	3. ①	4. ③	5. ①
6. ②	7. ②	8. ①	9. ②	10. ③
11. ①	12. ④	13. ④	14. ①	15. ④
16. ③	17. ④	18. ④	19. ③	20. ①
21. ①	22. ③	23. ③	24. ③	25. ②

읽기

1. ③	2. ④	3. ②	4. ③	5. ④
6. ②	7. ①	8. ②	9. ④	10. ①
11. ②	12. ②	13. ②	14. ④	15. ③
16. ③	17. ②	18. ④	19. ③	20. ①
21. ③	22. ②	23. ④	24. ④	25. ④

9과 문제가 해결되지 않는 한 더 이상 일을 못 해요.

어휘

1

1) 임금 체불

2) 계약 불이행

3) 폭언

4) 부당 해고

2

1) 근로자 – 정해진 시간에 일을 하고 돈을 받는 사람

2) 해결 – 어떤 사건이나 문제를 풀거나 처리하는 것

3) 신고 – 어떤 일을 기관에 알리는 것

4) 퇴직금 – 1년 이상 일하고 회사를 그만둘 때 받는 돈

3

1) 고용 ↔ 해고

2) 구직 ↔ 구인

3) 입사 ↔ 퇴사

4) 취업 ↔ 실업

5) 퇴직 ↔ 재직

문법 ❶

연습 1

1) 쉴 시간이 별로 없잖아요.

2) 미셸 씨는 요리사잖아요.

3) 지난주에 회사를 그만뒀잖아요.

4) 김밥은 먹기가 간단하잖아요.

연습 2

1) 가: 요즘 감기에 걸린 사람이 많은 것 같아요.

나: <u>환절기잖아요.</u>

2) 가: 아미르 씨는 야채김밥만 먹네요.

나: <u>고기를 안 먹잖아요.</u>

3) 가: 그 식당은 항상 손님이 많은 것 같아요.

나: <u>음식이 맛있잖아요.</u>

4) 가: 자가 씨가 오늘 학교에 안 왔네요.

나: <u>오늘 면접이 있잖아요.</u>

문법 ❷

연습 1

1) 가: 하루에 네 시간 일하면 많이 힘들 것 같지 않은데요?

나: 네 시간이라도 계속 서서 하는 일이라서 힘들어요.

2) 가: 어린아이가 이 책을 이해할 수 있을까요?

나: 그림이 많아서 어린아이라도 내용을 이해하기 어렵지 않을 거예요.

3) 가: 아직 신입 사원이니까 실수해도 이해해 주실 것 같아요.

나: 신입 사원이라도 작은 실수를 계속 반복하면 상사한테 좋은 인상을 줄 수 없을 거예요.

연습 2

1) 취직하기 어려우니까 아르바이트라도 하고 싶어요.

2) 1등은 힘드니까 합격이라도 하고 싶어요.

3) 집에서 역까지 너무 멀어요. 자전거라도 타야겠어요.

4) 오늘은 결혼기념일인데 남편이 케이크라도 준비했으면 좋겠어요.

문법 ❸

연습 1

1) 건강이 유지되는 한 일을 계속하고 싶어요.

2) 한국 회사에서 일하는 한 한국어를 계속 공부하려고 해요.

3) 꾸준히 저축하는 한 경제적인 문제는 걱정하지 않아도 돼요.

4) 임금 문제가 해결되지 않는 한 계속 근무할 수 없어요.

연습 2

1) 가: 선생님, 한국어능력시험에 합격할 수 있을까요?

나: 열심히 공부하는 한 합격할 수 있어요.

2) 가: 이 단어들은 외우기 너무 어려워요.

나: 이 단어들을 외우지 않는 한 시험에서 좋은 성적을 받기 어려워요.

3) 가: 의사 선생님, 아직도 제 건강 상태가 나쁜가요?

나: 전에 오셨을 때와 비슷하네요. 담배를 끊지 않는 한 건강을 회복할 수 없습니다.

읽고 쓰기

2

1) ② 일을 하고 돈을 받지 못해서

2) ③ 일을 하고 못 받은 돈은 삼백만 원이다.

10과 어제는 참으려야 참을 수가 없어서 결국 다투고 말았어요.

어휘

1

1) 시험을 잘 봤어요. – 기쁘다

2) 가족들이 제 생일을 축하해 줬어요. – 행복하다

3) 내일 부산으로 가족 여행을 가기로 했어요. – 신나다

4) 내일 다문화가족지원센터 행사에서 사람들 앞에서 노래를 부를 거예요. – 긴장되다

3

1) 길을 가는데 지나가던 사람이 저를 밀치고 그냥 갔어요. – 화가 나다

2) 영화관에서 옆에 앉은 사람이 다리를 계속 떨어서 영화를 제대로 못 봤어요. – 짜증나다

3) 아이가 밤새 열이 나고 아팠어요. – 속상하다

4) 믿었던 친구가 거짓말을 했어요. – 실망하다

5) 면접을 보는데 한국말이 갑자기 생각이 안 났어요. – 당황스럽다

문법 ❶

연습 1

1) 이웃집이 밤에 너무 시끄러워서 잠을 자려야 잘 수가 없어요.

2) 떡볶이가 매워서 먹으려야 먹을 수가 없어요.

3) 신문에 어려운 단어가 많아서 읽으려야 읽을 수가 없어요.

연습 2

1) 가: 자가 씨, 지난 주말에 여행을 잘 다녀왔어요?

나: 네, 가족들이랑 소중한 시간을 보내서 잊으려야 잊을 수 없네요.

2) 가: 여보, 아까 저 사람한테 화를 내는 것 같던데 무슨 일 있어요?

나: 너무 기분이 나빠서 참으려야 참을 수 없었어요.

3) 가: 옷이 예쁜데 왜 팔려고 해요?

나: 이 옷이 저한테 너무 작아서 입으려야 입을 수 없어요.

문법 ❷

연습 1

1) 가방이 비싸서 안 사려고 했는데 결국 사고 말았어요.

2) 애인과 자주 싸워서 결국 헤어지고 말았어요.

3) 일교차가 커서 결국 감기에 걸리고 말았어요.

4) 시험 준비를 안 해서 결국 시험에서 떨어지고 말았어요.

연습 2

1) 가: 나트 씨, 이 아이스크림 좀 드세요.

나: 아니에요. 다이어트 중인데 어젯밤에도 너무 배가 고파서 결국 치킨을 먹고 말았어요.

2) 가: 어머, 이게 뭐예요? 여기 화장지 있어요.

나: 실수로 책에 커피를 쏟고 말았어요.

3) 가: 왜 이렇게 늦었어요? 30분이나 기다렸어요.

나: 미안해요. 지하철에서 졸다가 내려야 할 역을 놓치고 말았어요.

문법 ❸

연습 1

1) 가: 오늘 일 끝나고 밀린 집안일 같이 해요.

나: 아니에요. 제가 오늘 집에 일찍 와서 이미 해 버렸어요.

2) 가: 자가 씨한테 우리가 자가 씨 생일 파티 준비하는 거 말했어요?

나: 죄송해요. 비밀인 줄 모르고 제가 말해 버렸어요.

3) 가: 냉장고에 있던 과자 못 봤어요? 누가 먹었어요?

나: 아, 그거 제가 아까 먹어 버렸어요.

4) 가: 혹시 제 스웨터 빨았어요? 그거 드라이해야 하는 건데요.

나: 어머, 그래요? 그거 제가 모르고 세탁기에 (넣어서) 돌려 버렸어요. 어떡하죠?

5) 가: 이 카메라 왜 안 돼요? 고장 났어요?

나: 네, 아이가 실수로 떨어뜨려서 고장 나 버렸어요.

읽고 쓰기

2

1) 외국인종합안내센터의 전화번호는 1345입니다.

2) ① ×

② ○

③ ×

④ ○

11과 고등어조림 하는 것 좀 가르쳐 주세요.

어휘

2

| 냄비 | 국자 | 프라이팬 | 주걱 | 주전자 |

문법 ❶

연습 1

1) 가: 한국어 공부가 어때요?

나: 재미있지만 말하기가 좀 어려워요.

2) 가: 지금 사는 집이 어때요?

나: 시장이 가까워서 장보기가 편해요.

3) 가: 결혼 축하드려요. 행복하게 사시기를 바랍니다.

나: 네, 고맙습니다. 행복하게 살겠습니다.

연습 2

① 육수 끓이기 ② 재료 썰기 ③ 육수에 된장 풀기 ④ 재료 넣기

문법 ❷

연습1

	-ㅁ		-음
가다	감	먹다	먹음
사다	삼	읽다	읽음
추다	춤	웃다	웃음
슬프다	슬픔	믿다	믿음
기쁘다	기쁨	있다	있음
보다	봄	없다	없음
따뜻하다	따뜻함	맑다	맑음
*만들다	만듦	*춥다	추움
*살다	삶	*듣다	들음

연습2

추웠음 / 비가 옴 / 맑고 따뜻함 / 바람이 붊 / 추워짐 / 춥고 눈이 옴 / 눈이 옴

연습 1

1) 우리 아이는 밥을 잘 먹는다.

2) 내 동생은 과일 중에서 딸기를 제일 좋아한다.

3) 오늘은 월요일이다.

4) 나는 한국 사람이 아니다.

5) 한국 음식은 좀 맵다.

6) 내일은 비가 올 것이다.

연습2

　나는 주말에 친구들을 만났다. 친구들하고 같이 고향 음식을 먹으러 이태원에 갔다. 이태원에서 고향 음식도 먹고 친구들하고 이야기도 하니까 스트레스가 많이 풀렸다. 나는 고향이 그리울 때마다 친구들을 만나서 이야기를 한다. 외국에서 사는 것이 쉽지 않지만 고향 친구들이 있어서 정말 다행이다.

　읽고 쓰기

2

1) 매우면서도 신맛이 난다.

2) ② 똠얌꿍은 찌개 종류이다.

12과 학교에서 공개 수업을 한다고 학교에 오셔야 한대요.

　어휘

1

1) 크레파스 2) 색연필 3) 스케치북 4) 파일 5) 공책

6) 각도기 7) 컴퍼스 8) 자 9) 물감 10) 형광펜

3

1) 공개 수업

2) 학예회

3) 운동회

4) 체험 학습

　문법 ❶

연습 1

1) 가: 오늘 날씨가 좋은데 왜 우산을 챙겨요?

　나: 일기 예보에서 오늘 소나기가 온다고 우산을 챙기라고 하더라고요.

2) 가: 왜 밥을 안 먹어요?

나: 이따가 결혼식이 있는데 결혼식 후에 밥을 준다고 먹고 오지 말라고 하더라고요. 그래서 안 먹어요.

3) 가: 김 대리 벌써 퇴근했어요?

　나: 네, 오늘 집에 일이 있다고 일찍 조퇴했어요.

4) 가: 엄마, 아빠 오늘 집에 늦게 오세요?

　나: 응, 오늘 야근한다고 늦는다고 하셨어.

5) 가: 수진 씨가 수업에 안 왔네요. 무슨 일이 있는 걸까요?

　나: 오늘 학부모 면담에 가야 한다고 못 온대요.

6) 가: 다음 주 소풍 갈 때 도시락 싸 가야 한대?

　나: 아니요, 학교에서 점심을 준비한다고 도시락은 필요 없대요.

7) 가: 오늘 기분이 좋아 보여요. 무슨 좋은 일이 있어요?

　나: 남편이 회사에서 과장으로 승진했어요. 시부모님이 승진했다고 가족끼리 외식을 하자고 하더라고요.

　문법 ❷

연습 1

1) 가: 줄리아 씨하고 카이 씨는 왜 수업에 안 왔어요?

　나: 줄리아 씨는 오늘 못 온다고 했어요. 그리고 카이 씨는 조금 늦는다고 했어요.

　가: 카이 씨는 몇 시쯤 온대요?

　나: 약속이 1시쯤 끝난다니까 아마 2시쯤 올걸요.

2) 가: 우리 내일 삼겹살 먹으러 갈까요?

　나: 그런데 미나 씨는 삼겹살을 안 먹을걸요. 채식주의자니까요.

3) 가: 오늘 아이들하고 같이 공원에 가기로 했는데 비가 올까요?

　나: 오늘 비가 안 올걸요. 하늘에 구름이 없어요.

4) 가: 수진 씨와 연락이 안 돼요. 무슨 일 있나요?

　나: 아마 병원에 갔을걸요. 어제 열이 나고 속이 안 좋다고 했었어요.

연습 2

1) 가: 지하철에 자전거를 가지고 타도 되나요?

나: 지하철에 자전거를 가지고 타도 될걸요.

2) 가: 아파트에서 강아지를 키워도 될까요?

　　나: 강아지를 키워도 될걸요.

3) 가: 아이를 데리고 결혼식에 가려고 하는데 괜찮겠지요?

　　나: 아이를 데리고 결혼식에 가도 괜찮을걸요.

4) 가: 검은색 옷이 없는데 회색 옷을 입고 장례식에 가도 될지 모르겠어요.

　　나: 검은색 옷이 없으면 회색 옷을 입고 가도 될걸요.

문법 ❸

연습 1

1) 다음 경기에서 이기고자 열심히 훈련하고 있습니다.
2) 요리사의 꿈을 이루고자 프랑스 유학을 결정했습니다.
3) 시민들의 의견을 듣고자 토론 자리를 마련했습니다.
4) 출산율을 높이고자 육아 지원금을 주기로 했습니다.

연습 2

1) 어려운 이웃에게 도움을 주고자 복권 당첨 상금을 쓰고 싶습니다.
2) 많은 사람들에게 한국어와 한국 문화를 알리고자 한국어 교사가 되고 싶습니다.
3) 한국 문화와 베트남 문화의 교류를 위해 일하고자 이 회사에 입사하려고 합니다.

읽고 쓰기

2

1) ☑ 파일 박스, ☑ 스케치북, ☑ 1-2학년용 무제 공책, ☑ 크레파스, ☑ 색연필

2) ① ㅇ
　　② ✕
　　③ ㅇ

13과　그렇게 발표를 잘할 줄 몰랐어.

어휘

1

1) 아이가 오늘 학교에서 (가정 통신문)을 받아 왔다. 읽어 보니까 다음 주에 학교에서 큰 행사가 있다고 한다.

2) (공개 수업)에 가면 아이가 교실에서 수업을 듣는 모습을 직접 볼 수 있다. 그리고 선생님께서 어떻게 가르치시는지도 볼 수 있다.

3) (학부모) 모임에 가면 아이들의 학교생활, 공부 문제, 친구 관계 등 다양한 이야기를 함께 나눈다.

4) 내일 우리 아이 학교의 담임 선생님과 (면담)을 하기로 했다. 선생님께서 어떤 이야기를 해 주실지 궁금하다.

5) 늦잠을 자면 일 (교시) 수업에 늦을 수도 있다.

6) 나는 수업 시간에 친구들 앞에서 (발표)를 했다.

7) 오늘 1학년부터 6학년까지 (각 반)의 대표들이 1명씩 모였다.

2

1) 가: 엄마, 저 노래 부르는 거 어땠어요?

　　나: 노래 부르는 아이들 중에 네가 제일 잘 부르더라. 네가 (최고야).

2) 가: 유학을 가지도 않았는데 아이의 영어 실력이 정말 (훌륭하네).

　　나: 아이가 집에서 혼자 영어 동화책도 읽고 동영상도 보더니 저렇게 영어가 늘었더라.

3) 가: 어제 운동회에서 달리기 시합을 했는데 넘어져서 꼴등을 했어요. 하지만 포기하지 않고 끝까지 뛰었어요.

　　나: 포기하지 않고 끝까지 달린 너의 모습이 참 (멋지다).

4) 가: 아빠, 이번 시험에서 한 개도 틀리지 않고 다 맞았어요. 모든 과목이 100점이에요.

　　나: 정말? (대단하구나)! 어떻게 하나도 틀리지 않았지?

5) 가: 어머, 집이 깨끗해졌네?

　　나: 엄마 외출하신 동안 제가 청소하고 설거지를 했어요.

　　가: (잘했다). 고마워.

문법 ❶

연습 1

1) 공부를 열심히 하는구나.
2) 노래를 잘하는구나.

3) 가격이 비싸구나.

연습 2

1) 가: 민수가 정말 그림을 잘 그리는구나. 화가가 그린 것 같아.

　나: 선생님, 감사합니다.

2) 가: 오늘은 어제보다 날씨가 춥구나.

　나: 맞아요. 날씨가 갑자기 추워졌어요.

3) 가: 그거 맵지 않아?

　나: 아니, 별로 안 매워.

　가: 매운 음식을 정말 잘 먹는구나. 그거 매워서 못 먹는 한국 사람도 많아.

문법 ❷

연습1

1) 가: 이번에 투 씨가 장학금을 받는대요.

　나: 그래요? 저는 투 씨가 그렇게 공부를 잘하는 줄 몰랐어요.

2) 가: 저는 한복이 아주 불편한 줄 알았어요. 그런데 입어 보니까 아주 편했어요.

　나: 그래요? 저도 입어 봐야겠네요.

3) 가: 지민 씨와 철수 씨가 결혼한대요.

　나: 그래요? 저는 그 두 사람이 결혼할 줄 알았어요 (두 사람이 결혼할 것이라 생각한 경우) / 결혼할 줄 몰랐어요(두 사람이 결혼할 것이라 생각하지 못했을 경우).

연습 2

1) 저는 오늘 한국어 교재를 가지고 온 줄 알았어요.

2) 저는 지금 비가 오는 줄 몰랐어요.

3) 저는 다음 주에 시험이 있는 줄 몰랐어요.

문법 ❸

연습 1

1) 가: 다음 달에 고향에 가요? 선물을 다 준비했어요?

　나: 아니요, 부모님 선물이며 친구 선물이며 아직도 준비할 것이 많아요.

2) 가: 엔젤 씨는 좋겠어요. 딸이 공부며 운동이며 다 잘해서요.

　나: 아니에요. 저희 아이도 못하는 것이 많아요.

3) 가: 다음 주에 한국어능력시험을 보는데 공부 많이 했어요?

　나: 지금 하고 있어요. 그런데 문법이며 어휘며 외울 것이 너무 많아요.

연습 2

1) 그 아이돌은 노래며 춤이며 다 잘해서 인기가 아주 많다.

2) 흐엉 씨는 요리를 정말 잘한다. 베트남 음식이며 한국 음식이며 못 만드는 것이 없다.

3) 오늘은 은행이며 우체국이며 가야 할 곳이 많다. 그리고 마트에 들러서 장도 봐야 한다.

읽고 쓰기

2

1) ① ×
　② ×
　③ ○

2) 가방의 디자인이나 색상은 마음에 드는지, 가방이 사용하기 편리한지 알고 싶었기 때문이다.

14과　정말 텔레비전을 준다고요?

어휘

1

1) 그 회사 사장은 평생 자기가 번 돈을 모두 기부하기로 했다.

2) 이번에 지진이 난 지역의 주민들을 돕기 위해 우리 동에서 바자회를 열기로 했다.

3) 시장에 가면 여러 가지 먹을거리가 많이 있어서 배고플 때 가면 자꾸 사게 된다.

4) 그 가수는 이번 공연의 수익금을 모두 장애인을 돕는 단체에 기부하기로 했다.

5) 오늘부터 이틀간 주민 센터에서 불우 이웃 돕기 바자회가 열린다고 한다.

2

1) 이곳은 쇼핑하러 오는 사람들로 항상 붐빕니다.

2) 결혼기념일에는 낭만적인 곳에서 분위기를 내면 좋습니다.

3) 우리 식당은 주차 공간이 <u>협소하므로</u> 대중교통을 이용하시기를 바랍니다.

4) 가: 이번 주말에는 아이를 데리고 과학관에 갈까요?

   나: 그거 좋겠네요. 재미도 있고 <u>유익할</u> 것 같아요.

3

1) 가: 오늘 무슨 날이에요? 공원이 <u>사람들로 북적이네요</u>.

   나: 오늘 어린이날이라서 행사가 있나 봐요. 사람 진짜 많네요!

2) 가: 오늘 이 길은 교통 통제를 해서 차가 들어갈 수 없다고 해요.

   나: 아, 오늘 낮부터 여기에서 불우 이웃 돕기 <u>행사가 열려요</u>.

3) 가: 저기 게시판에 붙어 있는 안내문을 봤어요?

   나: 네, 봤어요. <u>행사에 참여할</u> 사람은 사무실에 신청하라는 안내문 말이죠?

4) 가: 어디에 가는 길이에요?

   나: 가을을 맞아 시청에서 시민 걷기 <u>행사를 개최하는데</u> 참가자 전원에게 기념품을 준다고 해서 저도 가 보려고요.

4

1) 가: 요즘 할 일이 너무 많아서 스트레스가 쌓여요.

   나: 그럼 잠시 밖에 나가서 <u>바람 좀 쐬고</u> 오세요. 머리를 좀 식히고 나면 일도 더 잘 될 거예요.

2) 가: 여기는 새해 첫날부터 해돋이를 보러 온 사람들이 많네요.

   나: 네, 정말 발 디딜 <u>틈도 없을</u> 정도예요.

3) 가: 바쁘심에도 불구하고 저희 바자회에 참석해 주셔서 감사합니다.

   나: 당연히 와야지요! 오히려 이런 <u>뜻깊은</u> 자리에 초대해 주셔서 감사합니다.

문법 ❶

연습 1

1) 가: 모두 해서 8만 7천 원입니다.

   나: <u>얼마라고요?</u>

2) 가: 저분이 이번에 아이 학교에 새로 오신 교장 선생님이세요.

   나: <u>누구시라고요?</u>

3) 가: 이게 한국의 전통 음료수인 '식혜'예요.

   나: <u>뭐라고요?</u>

4) 가: 여보세요? 영진아, 지금 바로 한국은행 앞으로 와. 거기서 기다릴게.

   나: <u>어디라고요?</u>

연습 2

가: 캄리 씨, 실례지만 나이가 어떻게 되세요?

나: 서른 두 살이에요. 한국 나이로 서른 세 살이고요.

가: <u>서른 세 살이라고요?</u> 와! 나이에 비해 동안이세요.

나: 그래요? 감사합니다.

가: 그럼 캄리 씨는 호랑이띠군요.

나: 네? <u>호랑이 띠라고요?</u>

가: 호랑이띠요. 나이를 나타내는 12가지 동물이 있잖아요. 사람은 자기의 띠에 따라 그 동물과 조금 비슷한 성격을 갖는다고 해요.

나: <u>그 동물과 조금 비슷한 성격을 갖는다고요?</u> 그럼 호랑이띠는 어떤 성격인데요?

가: 호랑이띠는 호랑이처럼 용감하고 강한 편이라고 해요.

나: 뭐라고요? <u>제 성격이 용감하고 강한 편이라고요?</u> 그럼 사람들이 싫어하지 않을까요?

가: 아니에요. 강하지만 다른 사람을 괴롭히는 게 아니고 불쌍한 사람들을 잘 도와준다고 해요.

문법 ❷

연습 1

1) 밖에 나가는 김에 편의점에 들러서 우유를 샀어요.

2) 집 정리를 <u>하는 김에 안 쓰는 물건을 기증했어요.</u>

3) 책을 빌리러 도서관에 <u>간 김에 친구 책을 반납했어요.</u>

4) 은행에서 환전을 <u>하는 김에 통장 정리를 했어요.</u>

5) 동해에 <u>간 김에 해돋이를 봤어요.</u>

연습 2

1) <u>빨래를 하는 김에 이 옷도 같이 빨아 주실래요?</u>

2) <u>나가는 김에 밖에 있는 신문 좀 갖다 주세요.</u>

3) 일어서는 김에 이 그릇도 좀 치워 주세요.

문법 ❸

연습 1

1) 가: 저, 이 물건들을 좀 기증하고 싶은데요.

나: 아, 그러세요? 정말 감사합니다.

가: 제가 기증한 물건이 불우 이웃에게 조금이나마 도움이 됐으면 하는 바람입니다.

2) 가: 미영 씨는 음악 듣는 걸 참 좋아하나 봐요.

나: 네, 이렇게 바쁘게 살면서 음악을 들을 때는 잠시나마 쉴 수 있잖아요.

3) 가: 직접 찾아뵈어야 하는데 이렇게 전화만 드려서 죄송해요.

나: 아니야, 미안해할 필요 없어. 이렇게 전화로나마 목소리를 들었으니까 됐지.

4) 가: 와! 이 가수 공연장에 사람이 이렇게 많을 줄 몰랐어요. 근데 너무 멀어서 안 보이죠?

나: 괜찮아요. 이렇게 멀리서나마 목소리를 들을 수 있어서 너무 좋은데요.

연습 2

1) 가: 이 선물 뭐예요? 고향 가면 어머니께 드리려고요?

나: 아니요, 이번에 이사 갈 때 아랫집 분들께 드리려고요. 우리 아이가 그동안 그렇게 쿵쿵 뛰었는데도 다 참아 주셨거든요. 늦게나마 감사 표시를 좀 하려고요.

2) 가: 부장님, 승진 축하드립니다. 이거 받아 주세요.

나: 뭘 이런 걸 준비했어요? 안 그래도 되는데.

가: 그래도 그냥 넘어갈 수 있나요? 작게나마 이렇게 축하드릴 수 있어서 저도 기분이 좋네요.

3) 가: 엔젤 씨, 어릴 때 일 중에서 기억나는 게 있어요?

나: 아니요, 바쁘게 살다 보니까 기억이 잘 안 나는데 그래도 유치원 때 집 앞 호수에서 수영하고 놀았던 기억은 희미하게나마 남아 있어요.

읽고 쓰기

2

1) ② 이 행사에서는 김치를 직접 담가 볼 수 있다.

2) 김치 축제 홈페이지

(seoulkimchifestival.com)에 가서 확인해야 합니다.

15과 더 심해지지 않도록 마스크를 꼭 하고 다녀요.

어휘

1

1) 산불

2) 지구 온난화

3) 가뭄

4) 폭우

5) 산사태

6) 폭설

2

1) 황사

2) 미세 먼지

3) 마스크

4) 공기 청정기

3

1) 감기에 걸려서 목이 많이 아파 병원에 갔더니 목에 염증이 생겼대요.

2) 겨울철에는 날씨가 건조해서 감기에 잘 걸려요. 집에 있을 땐 가습기를 틀어서 습도 조절을 해 주는 것이 좋아요.

3) 요즘 일이 많아서 밤새 컴퓨터 작업을 했더니 안구 건조증이 생겼어요. 눈이 따갑고 아프네요.

4) 한국의 여름 날씨는 고온 다습이 특징인데 장마철에는 습도가 높아서 빨래도 안 마르고 더위를 더 많이 느끼게 돼요. 그럴 땐 제습기를 트는 것이 도움이 돼요.

문법 ❶

연습 1

1) 폭염으로 인해 대전에서 열대 지방의 나무가 자라고 있습니다.

2) 충돌 사고로 인해 3명이 다치고 1명이 사망했습니다.

3) 폭설로 인해 도로가 막혀 출근 시간 비상이 걸렸습니다.

4) 환경 오염으로 인해 지구의 온도가 상승하고 있습니다.

5) 태풍으로 인해 도로에 있는 나무가 쓰러져 있습니다.

연습 2

1) 조사 결과 현대인들은 <u>과로로 인해 스트레스가 증가</u>하고 각종 질병들이 발생하는 것으로 나타났습니다.

2) 조사 결과 무심코 버린 담배꽁초로 인해 산불이 발생하고 건조한 날씨가 더 큰 산불을 일으키는 것으로 나타났습니다.

3) 조사 결과 사춘기 아이는 <u>부모와의 대화 부족으로 인</u>해 부모와 갈등이 점점 깊어지는 것으로 나타났습니다.

4) 조사 결과 <u>경제적 부담 및 보육 문제로 인해 출산율이 감소하고</u> 아이보다 여유 있는 생활을 선택하는 사람들이 증가하는 것으로 나타났습니다.

문법 2

연습 1

1) 토니 씨는 <u>농구 선수만큼</u> 키가 커요.

2) 윌슨 씨는 <u>씨름 선수만큼</u> 힘이 세요.

3) 수미 씨는 <u>배우만큼</u> 예뻐요.

연습 2

1) 가: 무슨 운동을 좋아해요?

　　나: 테니스요. 저한테는 <u>테니스만큼</u> 재미있는 운동이 없어요.

2) 가: 이번 시험 결과 나왔죠? 어때요?

　　나: <u>생각만큼</u> 좋지 않아요. 기대를 너무 많이 했나 봐요.

3) 가: 나오코 씨, 한국어 공부는 어때요?

　　나: 처음에는 어려울 거라고 생각했는데 <u>영어만큼</u> 한국어도 쉽고 재미있어요.

문법 3

연습 1

1) 아기도 <u>먹을 수 있도록</u> 맵지 않게 해 주세요.

2) 이번 학교 행사인 바자회가 <u>잘될 수 있도록</u> 어머님들께서 많이 도와주세요.

3) 친한 친구가 둘째 아기를 낳았는데 첫째 아이 때도 못 갔거든요. 이번에도 일이 바빠서 못 가는데 <u>섭섭하지 않도록</u> 선물을 준비해야겠어요.

4) 요즘 휴가철이라 도둑이 든 집이 많다는 뉴스를 봤어요. 휴가철에는 도둑이 <u>들지 않도록</u> 문단속을 잘 해야겠어요.

5) 올해는 <u>감기에 걸리지 않도록</u> 예방 주사를 맞아야겠어요.

6) 황사나 미세 먼지가 코와 입으로 <u>들어가지 않도록</u> 마스크를 쓰고 나가야 해요.

연습 2

1) 가: 인제 고향에 가세요?

　　나: 글쎄요. 고향에 가고 싶은데 3년이 다 <u>되도록</u> 고향에 못 갔네요.

2) 가: 오늘 많이 피곤해 보여요.

　　나: 어제 아이가 어디가 아픈지 <u>밤새도록</u> 울어서 잠을 못 잤어요.

3) 가: 왜 소화제를 먹어요? 배탈 났어요?

　　나: 어제 오랜만에 뷔페에 갔는데 맛있는 음식이 너무 많아서 배가 <u>터지도록</u> 먹었어요.

문법 4

연습 1

1) 요리할 수 있는 것은 <u>김밥뿐이에요</u>.

2) <u>좋아하는 음료수는 오렌지 주스뿐이에요</u>.

3) <u>연주할 줄 아는 악기는 피아노뿐이에요</u>.

연습 2

1) 가: 여보세요? 오늘 조금 늦을 것 같은데 학생들이 많이 왔어요?

　　나: 아니요, 교실에 온 사람은 <u>저뿐이에요</u>. 천천히 와도 될 것 같아요.

2) 가: 신혼집에 살림을 많이 장만했어요?

　　나: 아니요, 지금 사 둔 게 <u>소파뿐이에요</u>. 가격이 비싸서 다른 가구는 천천히 알아보려고요.

3) 가: 집에 먹을 것이 하나도 없어요. 아이가 어찌나 잘 먹는지 어제 먹을 것을 사다 놓았는데 냉장고를 열어 봤더니 <u>물뿐이에요</u>.

　　나: 하하. 저희 집 아이도 그래요. 남자아이라 그런지 먹성이 너무 좋아요.

2

1) ④ 심각한 문제가 일어나고 있다.

2) ③ 지구 온난화는 해수면 상승의 직접적인 원인이다.

16과 한국에서 잘 적응할 수 있을까 불안한 마음이 컸었습니다.

어휘

1

1) 한국에 대해 잘 몰랐을 때는 걱정이 많았는데 막상 살아 보니까 좋은 사람도 많고 재밌는 일도 많이 생겼어요.

2) 한국에 온 지 벌써 3년이 지났어요. 시간이 참 빠른 것 같아요. 한국에 처음 온 날이 엊그제 같은데.

3) 어렸을 때 교통사고가 난 적이 있어요. 그 당시에는 별로 느낌이 없었는데 시간이 지나니까 그때 일이 더 잘 기억이 나요.

4) 시간이 어찌나 빠른지 지난 3년이 쏜살같이 지나간 것 같아요.

2

1) 저는 한국 사람처럼 한국말을 유창하게 할 수 있었으면 좋겠어요.

2) 가족이 밤늦게까지 안 들어오면 마음이 너무 불안해요.

3) 우리 부부는 성격이 정반대예요. 저는 성격이 좀 급한 편인데 아내는 많이 느긋한 편이에요.

4) 처음 만난 사람하고는 무슨 말을 해야 할지 모르겠어요. 가장 친한 친구를 처음 만났을 때도 서로 어색해서 쳐다보기만 했어요.

5) 한국에 처음 왔을 때는 모든 것이 낯설어서 어떻게 해야 할지 모르겠더라고요. 말도 모르고 음식도 처음 먹는 것이고 아는 사람도 없고, 그때는 참 힘들었죠.

6) 한국 생활이 마음에 들지만 가끔은 고향의 가족, 음식, 친구들이 그리울 때도 있어요.

3

1) 처음 한국에 왔을 때 모르는 것이 너무 많아서 자주 실수했어요.

2) 지금 같이 일하는 동료들이 처음에는 많이 낯설었는데 이제 시간이 많이 지나서 정들었어요.

3) 저는 이번에 입사한 신입 사원입니다. 저는 요즘 회사 일을 이것저것 익히느라 정신이 없습니다. 그렇지만 회사 선배가 잘 가르쳐 준 덕분에 쉽게 배우고 있습니다.

4) 낯선 외국에서 생활을 시작하면 적응하는 데 시간이 좀 걸리는 것 같아요. 그런데 그 시간이 지나고 나면 많이 익숙해져서 편해져요.

4

1) 저는 한국에서 5년 정도 살았어요. 한국은 이제 저에게 제2의 고향이에요.

2) 이번에 제가 회사에서 과장에서 부장으로 승진하게 되었어요. 그 덕분에 주변 사람들의 축하도 많이 받았어요.

3) 저는 3년 동안 작은 회사에서 처음부터 일을 배우면서 경력을 쌓은 덕분에 이번에 큰 회사로 옮길 기회를 잡을 수 있었어요.

4) 처음에는 한국에서 잘 적응할 수 있을까 걱정이 많았는데, 막상 살아 보니까 사람들도 좋고 일자리도 많은 것 같아요. 그래서 저는 우리나라에 돌아가기보다는 한국에서 자리를 잡으려고 해요.

문법 ❶

연습 1

1) 가: 아미르 씨는 술을 마셔요?

나: 아니요. 예전에는 많이 마셨었는데 지금은 안 마셔요.

2) 가: 매운 음식을 잘 먹는 편이에요?

나: 네. 그런데 처음에 한국에 왔을 때는 매운 음식을 안 먹었었어요.

3) 가: 동생이 정말 날씬하네요.

나: 어렸을 때는 정말 뚱뚱했었어요.

4) 가: 이번 한국어 시험 어땠어요?

나: 지난번 시험은 어려웠었는데 이번 시험은 쉬웠어요.

연습 2

1) 가: 남편이 담배를 피워요?

나: 옛날에는 담배를 피웠었는데 지금은 담배를 끊었어요.

2) 가: 나레카 씨는 키가 정말 크네요! 어렸을 때도 키가 컸어요?

나: 어렸을 때는 작았었는데 지금은 키가 커요.

3) 가: 한국어가 많이 늘었네요.

나: 옛날에는 한국어를 잘 못했었는데 지금은 많이 늘었어요.

문법 ❷

연습 1

1) 어제 입었던 옷을 또 입었어요.

2) 지난번에 불렀던 노래를 다시 불렀어요.

3) 어렸을 때 노래를 잘했던 친구가 가수가 되었어요.

연습 2

저는 한국에 와서 처음으로 제주도를 여행했습니다. 제주도는 제가 한국에서 여행했던 곳 중에서 가장 아름다운 곳이었습니다. 제주도에 도착하자마자 고기국수를 먹었습니다. 너무 배가 고팠는데 그때 먹었던 고기국수의 맛은 잊을 수가 없습니다. 두 번째 날에는 산에 올라갔습니다. 그런데 제가 신고 갔던 신발이 너무 불편해서 등산을 포기했습니다. 그날 제가 올라가려고 했던 산은 한라산이었습니다. 정말 아쉬웠습니다. 그리고 우리는 커피숍에 가서 따뜻한 커피를 마셨습니다. 그날 마셨던 커피가 아직도 생각이 납니다. 기회가 된다면 또 가고 싶습니다.

문법 ❸

연습 1

1) 친구가 통화 중이길래 메시지를 남겨 놓았다.

2) 컴퓨터가 고장 났길래 A/S 센터에 전화를 했다.

3) 친구가 그 집 갈비가 맛있다고 하길래 가족들과 그 식당에 갔다.

4) 물건값이 싸길래 충동구매를 해 버렸다.

연습 2

1) 가: 무슨 커피 잔이 이렇게 많아요?

나: 아까부터 일하는데 너무 졸리길래 좀 많이 마셨어요.

2) 가: 좀 늦었네요.

나: 네, 항상 다니던 길이 공사 중이길래 다른 길로

돌아왔거든요.

3) 가: 여기 창문 누가 열었어요?

나: 오늘 날씨가 좀 덥길래 제가 열어 놓았어요.

4) 가: 못 보던 옷이네요.

나: 인터넷 쇼핑몰에서 세일하길래 하나 샀는데 어때요?

5) 가: 처음 한국에 왔을 때 깜짝 놀란 일이 있어요?

나: 처음 만난 사람이 갑자기 나이를 물어보길래 기분 나빠서 대답하지 않은 적이 있어요.

읽고 쓰기

2

1) ① 서울의 확장

2) ③ 사대문 안까지

3) 원래 이 지역은 논과 밭이 많은 농업 지역이 대부분이었어요.

보충·복습(9~16과) 정답

듣기

1. ④	2. ①	3. ④	4. ②	5. ③
6. ③	7. ④	8. ③	9. ③	10. ④
11. ④	12. ③	13. ①	14. ③	15. ①
16. ②	17. ②	18. ③	9. ②	20. ③
21. ②	22. ③	23. ①	24. ①	25. ②

읽기

1. ①	2. ②	3. ③	4. ④	5. ③
6. ②	7. ④	8. ②	9. ④	10. ③
11. ④	12. ④	13. ②	14. ②	15. ②
16. ②	17. ③	18. ③	19. ④	20. ④
21. ③	22. ②	23. ③	24. ①	25. ③

※ [1~3] 다음을 듣고 알맞은 그림을 고르십시오.

1. 여자: 환자분, 여기는 어떠세요? 여기도 아프세요?
   남자: 아얏, 스키를 타다가 오른쪽으로 넘어져서 그런지 왼쪽은 괜찮은데 오른쪽 무릎하고 발목이 너무 아파요.
   여자: 그래요? 그럼 일단 엑스레이부터 찍어 봅시다.

2. 남자: 그 상자에 뭐가 들어 있어요?
   여자: 사무실에서 쓸 종이예요. 한꺼번에 주문하면 싸다고 해서 많이 주문했더니 이렇게 왔네요.
   남자: 무거워 보이는데 같이 들고 가요.
   여자: 고마워요.

3. 남자: 지난 10년간 직장인들의 이직률이 꾸준히 증가해 왔습니다. 그렇다면 직장인들이 직장을 옮길 때 가장 중요하게 생각하는 것은 무엇일까요? 첫 번째로 업무 환경을 꼽았습니다. 그 다음으로 높은 연봉, 회사의 안정성, 인간관계의 순으로 나타났는데요. 직장인들은 돈보다는 자신이 오랜 시간을 보내는 곳인 직장의 환경을 가장 중요하게 생각하는 것을 알 수 있었습니다.

※ [4~5] 다음 대화를 잘 듣고 이어질 수 있는 말을 고르십시오.

4. 여자: 무슨 걱정 있어요? 오늘 표정이 안 좋아 보여요.
   남자: 오후에 면접을 봐야 하는데 준비를 거의 못 했어요.
   준비를 못 했더니 긴장이 되고 잘할 수 있을지 걱정이 되네요.
   여자: _____.

5. 남자: 요즘 주부들 사이에서 블로그에 상품 평을 올리는 아르바이트가 인기래요.
   여자: 아, 주부 모니터단 말이죠? 저도 그것에 대해 들은 적이 있는데 집에서 살림하면서 상품도 공짜로 받아서 쓸 수 있다고 하더라고요.

남자: _____.

※ [6~7] 다음 대화를 잘 듣고 여자가 이어서 할 행동으로 알맞은 것을 고르십시오.

6. 남자: 세상에, 면접에 그렇게 입고 가겠다고?
   여자: 응, 내가 보기에는 괜찮은 것 같은데 그렇게 이상해? 이제 봄도 되고 했으니까 좀 밝게 입어도 되지 않을까?
   남자: 예쁘기는 한데 면접에 입고 갈 만한 옷은 아닌 것 같아.
   여자: 그래? 그럼 갈아입어야겠다.

7. 남자: 지난주에 본 면접 결과는 어떻게 됐어요?
   여자: 아직 이메일이 안 왔어요.
   남자: 어? 그거 홈페이지에서 자기가 직접 확인해야 되는데? 회사 홈페이지에 들어가서 오른쪽에 보면 공지 사항이라고 있어요. 거기에 들어가면 합격자 발표가 있을 거예요.
   여자: 아, 그래요? 홈페이지에 들어가서 확인해 볼게요. 고마워요.

※ [8~9] 다음을 듣고 내용과 일치하는 것을 고르십시오.

8. 남자: 다음은 어린 아이들이 있는 주부님들을 위한 소식입니다. 바로 서울시에서 운영하는 무료 장난감 도서관을 소개해 드리려고 합니다. 아이들 장난감은 가격도 비싼데다가 사 주면 몇 번 안 갖고 놀고 결국 집 안에서 자리만 차지하는 경우가 많습니다. 이 장난감 도서관은 삼천 원만 내면 장난감을 6개까지 2주 동안 빌릴 수 있어서 주부들의 부담을 덜어 줄 것으로 보입니다. 단, 자녀가 4세 이하인 경우에만 이용이 가능하며 연회비 만 원이 있습니다.

9. 남자: 학부모 열 명 중 일곱 명은 자신의 자녀가 교사나 공무원이 되기를 바라고 있었습니다. 학부모 천오백여 명에게 희망하는 자녀의 직업이 무엇인지 물어봤더니 43%가 교사, 29%가 공무원이라고 답했습니다. 이렇게 대답한 이유로는 두 직업 모두 안정적이기 때문이라

고 답했습니다. 그 밖에도 의사, 변호사, 연예인 등도 부모들이 선호하는 직업인 것으로 나타났습니다.

※ [10~11] 다음을 듣고 남자의 중심 생각을 고르십시오.

10. 남자: 왜 이렇게 기분이 안 좋아 보여? 무슨 일 있었어?

여자: 나 지난주에 면접 본 회사도 떨어진 것 같아. 벌써 몇 번이나 계속 떨어지니까 자신감도 잃게 되고, 용기도 안 나니까 다른 회사에 지원도 못 하겠어.

남자: 아니야, 그런 실패가 나중에는 좋은 경험이 될 수 있어. 지난번 면접에서 왜 떨어졌는지 잘 생각해 보고 자신의 단점을 고치려고 노력해 봐. 그럼 꼭 성공하는 날이 올 거야.

11. 여자: 팀장님, 이번에 저희 아들이 초등학교에 입학하게 돼서 아무래도 제가 회사를 그만두고 아이를 돌봐야 할 것 같습니다.

남자: 이 대리, 다시 한 번 잘 생각해 봐요. 지금은 여자라고 해서 집에서 육아와 살림만 하는 시대가 아니에요. 자신의 능력도 잘 활용해야지요.

여자: 그런데 팀장님도 아시다시피 제 업무가 야근과 해외 출장이 많기 때문에 아이와 같이 보낼 수 있는 시간이 너무 부족하고요, 무엇보다 지금 아이에게 제가 가장 필요한 시기라고 판단해서요. 죄송합니다.

※ [12~13] 다음을 듣고 물음에 답하십시오.

여자: 요즘 여러 가지 이유로 가족이 따로 사는 경우가 많대요.

남자: 네, 아이들 교육이나 직장 문제로 가족이 떨어져 사는 경우가 있지요. 주중에는 따로 살고 주말에만 보는 '주말부부'도 있고 아내와 아이를 해외로 유학 보내고 혼자 지내는 '기러기 아빠'도 이젠 적지 않게 볼 수 있더라고요.

여자: 맞아요. 자녀 교육이 워낙 중요하니까 어쩔 수 없이 그렇게 하나 봐요.

남자: 그렇죠. 그래도 저는 가족은 함께 생활하면서 다투기도 하고 화해하기도 하는 모습을 있는 그대로 보여 주는 게 가장 좋은 교육이 아닌가 싶어요.

※ [14~15] 다음을 듣고 물음에 답하십시오.

남자: 저는 편의점에서도 소화제나 감기약과 같은 간단한 약 정도는 판매해야 된다고 생각합니다. 갑자기 밤늦게 몸이 아플 때 약을 살 수 없어서 곤란했던 적이 누구나 한 번쯤은 있을 겁니다. 편의점에서 약을 판매한다면 이런 경우에 큰 도움이 되지 않을까요?

여자: 아주 일부의 사람들은 도움을 받겠지요. 그러나 간단한 약이라고 하더라도 어떤 사람에게는 부작용을 일으킬 수 있습니다. 만약에 편의점에서 산 약을 먹고 문제가 생긴다면 누가 책임을 질 수 있을까요?

※ [16~17] 다음을 듣고 물음에 답하십시오.

여자: 최근 몇 년 동안 한국 사회에서 다문화가정이 많이 증가했는데요. 이에 따라 정부에서 더 다양한 다문화가정 지원 서비스를 제공한다고 들었는데요. 어떤 부분이 달라졌습니까?

남자: 네, 정부에서는 다누리콜센터를 운영하여 다문화가정을 위해 다양한 서비스를 제공하고 있습니다. 그리고 다문화가정 자녀에게 한국어를 가르치는 한국어 지도사와 방문 돌봄 서비스를 제공하는 가족 생활 지도사도 천 명 이상 늘린다고 합니다. 이러한 다양한 복지 정책을 통해 다문화가족이 한국에서 더 행복하게 살 수 있을 것으로 기대됩니다.

※ [18~19] 다음을 듣고 물음에 답하십시오.

여자: 우리 집에 급한 환자가 있는데요. 빨리 와 주세요.

남자: 어떤 환자인가요?

여자: 우리 아이가 계단에서 굴러서 심하게 다쳤어요. 오른쪽 다리가 부러진 것 같아요. 피가 많이 나지는 않는데 아프다고 계속 소리를 지르고 있어요. 사람을 좀 빨리 보내 주세요.

남자: 진정하시고요. 아이가 움직이지 않도록 해 주세

요. 주소를 말씀해 주시면 바로 구급차를 보내도록 하겠습니다.

※ [20~21] 다음을 듣고 물음에 답하십시오.

여자: 학부모 여러분, 사춘기인 자녀와 말다툼을 자주 하지 않으십니까? 사춘기에는 신체와 뇌에 큰 변화가 일어납니다. 자녀들도 이렇게 변화하는 모습에 적응하는 시기이기 때문에 짜증도 많아지고 반항도 많이 하게 됩니다. 따라서 자녀가 사춘기를 잘 넘길 수 있도록 도와주어야 합니다. 그중 가장 좋은 방법은 자녀와 이야기하는 시간을 많이 갖는 것입니다. 자녀를 데리고 저녁 식사를 하러 나가서 학교생활이나 친구 관계에 대한 대화를 해 보세요. 단, 대화할 때는 많이 듣고 말은 많이 하지 않는 게 좋습니다. 그렇게 해야 여러분의 자녀는 여러분과 이야기하는 것을 편하게 느낄 수 있습니다.

※ [22~23] 다음을 듣고 물음에 답하십시오.

여자: 취업을 하고 싶은데 오후에는 아이들을 돌봐야 해서요. 오전에만 짧게 할 수 있는 일은 없을까요?

남자: 여기 이력서를 보니까 결혼 전에 은행에서 일하신 경험이 있네요. 그럼 이번에 행복은행에서 시간제 직원을 모집하고 있던데 거기에 지원해 보시는 건 어떠세요?

여자: 제가 원하는 시간에 일할 수 있는 건 좋은데 혹시 그러면 근무 조건이나 연봉이 별로 안 좋은 거 아닐까요?

남자: 그렇지 않습니다. 다른 직원들과 동일한 근무 조건이고 연봉도 시간으로 계산해 보면 다른 직원과 같은 정도라고 합니다.

※ [24~25] 다음을 듣고 물음에 답하십시오.

여자: 오늘은 긴 성적 부진을 극복하고 이번 동계 올림픽에서 금메달을 딴 스키 선수 김정민 씨와 이야기 나눠 보도록 하겠습니다. 그동안 많이 힘드셨지요?

남자: 네, 어린 시절부터 운동만 하다 보니 다른 취미나 즐길 거리는 생각도 못했어요. 매일 다른 선수들과의 경쟁만 생각하다 보니 저도 힘들고 또 좋은 성적도 안 나오더라고요.

여자: 많이 힘드셨겠네요. 그럼 이 어려움을 극복한 비결 좀 알려 주시겠어요?

남자: 네, 사실 스키 생각을 잠깐 내려놓고 책을 읽기 시작했어요. 그 전까지 운동은 체력과의 싸움이라고 생각하고 있었는데 사실은 정신력이 더 중요한 것 같더라고요. 그렇게 책을 읽으면서 스트레스가 풀리고 기분이 전환되니까 대회에 나가서도 더 좋은 성적이 나오고 이렇게 금메달까지 따게 된 것 같아요.

※ [1~3] 다음을 듣고 알맞은 그림을 고르십시오.

1. 남자: 여기 창문 청소는 다 끝났는데, 다음은 뭘 하면 되지?
   여자: 정말 고마워, 이제 바닥에 있는 책만 남았네, 번호 순서대로 정리해서 책장에 좀 꽂아 줘.
   남자: 그래, 그런 일쯤이야 식은 죽 먹기지. 근데 번호 순서보다 주제별로 정리하는 게 낫지 않아?

2. 남자: 왜 그래요? 무슨 일이라도 있어요?
   여자: 커피를 마시면서 일하다가 노트북에 커피를 쏟고 말았어요. 컴퓨터가 꺼졌는데 빨리 닦고 다시 켜 봐야겠어요.
   남자: 잠깐만요, 아직 전원 켜지 마세요. 휴지로 노트북 자판을 덮은 다음에 뒤집어서 말려야 돼요.

3. 남자: 최근 실시된 외국인 고용 조사에 따르면 우리나라의 외국인 취업자는 20대가 가장 높은 비율을 차지하는 것으로 나타났습니다. 그다음은 30대가 차지했습니다. 또한 50대 취업자 수도 40대보다는 적었지만 60대보다는 많았습니다. 한편 외국인 취업자 중 중국인 취업자가 가장 많은 것으로 나타났고 베트남 사람이 그 뒤를 이었습니다.

※ [4~5] 다음 대화를 잘 듣고 이어질 수 있는 말을 고르십시오.

4. 여자: 나 친구 좀 만나고 올게요.
   남자: 그럼 나가는 김에 세탁소에 가서 내 옷 좀 찾아다 줘.
   내일 친구 결혼식에 갈 때 입어야 하거든.
   여자: _____.

5. 남자: 늦어서 죄송합니다. 차가 너무 막혀서요.
   여자: 이런 금요일 저녁에는 길이 막힐 것을 생각해서 더 일찍 출발했어야지요.
   남자: _____.

※ [6~7] 다음 대화를 잘 듣고 남자가 이어서 할 행동으로 알맞은 것을 고르십시오.

6. 여자: 곧 중요한 시험인데 준비 잘 하고 있어요?
   남자: 요즘 집에서 공부를 하고 있는데 옆집 사람이 너무 시끄럽게 해서 공부를 하려야 할 수가 없어요. 아침부터 저녁까지 시끄럽게 노래를 부르는데 어떻게 하면 좋을지 모르겠어요.
   여자: 그 사람은 자기 노래가 옆집까지 들리는 줄 모를 수도 있으니까 한번 얘기를 해 보는 것도 좋을 것 같아요.
   남자: 미영 씨 생각도 그렇죠? 지금까지 그냥 참기만 했는데 한번 항의를 해야겠네요.

7. 남자: 미영 씨, 노트북 새로 샀어요? 좋아 보이는데 비싸죠?
   여자: 아니요, 별로 비싸지 않아요. 해외 직구 사이트에서 세일하길래 거기서 샀더니 국내에서 사는 것보다 30만 원이나 싸더라고요.
   남자: 저도 이번에 휴대 전화를 바꿔 볼까 했는데 그렇게 사는 것도 괜찮겠네요.
   여자: 네, 민수 씨도 저처럼 해 보세요. 사이트 주소 알려 드릴까요?

※ [8~9] 다음을 듣고 내용과 일치하는 것을 고르십시오.

8. 여자: 이번 시민 축제에 댄스 경연 대회도 있대요.
   남자: 현주 씨 춤 잘 추잖아요. 한번 나가 보세요.
   여자: 그렇지 않아도 1등 상품이 최신 휴대 전화라고 해서 나가 보고 싶은데 혼자 나가기는 너무 창피해서요.
   남자: 그래요? 저는 몸치라서 안 되고 영철 씨하고 상철 씨는 춤을 좋아하니까 한번 물어볼까요? 같이 나가자고 하면 좋다고 할 거예요.
   여자: 그럴까요? 그럼 연락해서 좋다고 하면 주말에 같이 연습하자고 전해 주세요. 저는 주민 센터 연습실을 쓸 수 있는지 알아볼게요.

9. 여자: 오늘은 된장찌개 끓이는 방법을 소개해 드리겠습니다. 먼저 냄비에 물을 붓고 머리와 내장을 떼어 낸 멸치를 넣고 멸치 국물을 우려냅니다. 국물이 어느 정도 우려지면 멸치는 버리세요. 다음으로 우려진 멸치 국물에 된

장을 풀고 고춧가루도 조금 넣습니다. 국물이 끓으면 썰어 놓은 호박, 감자, 버섯을 넣고 끓입니다. 야채가 어느 정도 익으면 두부, 청양고추, 다진 마늘, 대파를 넣고 잠깐 끓이면 됩니다.

만을 강요하는 것은 자녀들에게 엄청난 스트레스를 주기만 하는 것입니다. 따라서 평소 자녀와 대화하는 시간을 많이 가지고 대화를 통해 자녀들의 관심사에 귀를 기울이면서 아이 스스로 공부에 관심을 가지도록 하는 것이 좋겠습니다.

※ [10~11] 다음을 듣고 남자의 중심 생각을 고르십시오.

10. 남자: 윗집 애들이 또 뛰네? 뛰지 말라고 연락 좀 해야겠어요.

　　여자: 우리 좀 참아 봐요. 애들인데 이해해 줘야죠. 아이들은 활동량이 많잖아요.

　　남자: 그래도 아파트는 여럿이 사는 공동 주택인데 서로 배려를 해야지. 이렇게 밤늦게까지 애들이 뛰면 부모가 주의를 줘야 되는 거 아니에요?

　　여자: 그렇긴 하지만 조금만 더 참아 봐요. 이웃인데 감정 상하는 것도 안 좋잖아요.

11. 남자: 여러분, 자동차 자율 요일제에 대해 알고 계십니까? 자동차 자율 요일제는 일주일에 하루 자동차를 사용하지 말자는 운동입니다. 환경 오염 문제, 에너지 문제, 언젠가부터 자주 듣게 되는 말인데요. 이런 문제를 해결하기 위해서 우리도 작은 일부터 실천해 보면 어떨까요? 환경 보호는 멀리 있는 게 아닙니다. 처음에는 조금 불편하긴 해도 일주일에 하루 자동차를 쉬게 해 주면 우리의 환경이 깨끗해집니다.

※ [12~13] 다음을 듣고 물음에 답하십시오.

　　여자: 요즘 부모님들은 아이들에게 공부를 강요하는 경우가 많은데요. 이와 관련하여 아동 상담 전문가인 김영철 선생님을 모시고 올바른 부모의 역할에 대해 말씀 나눠 보도록 하겠습니다.

　　남자: 부모님들이 아이들에게 공부를 강요하게 되는 것은 아이들이 공부를 잘하기를 바라기 때문입니다. 하지만 아이들은 공부가 아닌 게임이나 TV 프로그램, 연예인, 이성 등에 관심을 더 갖습니다. 이처럼 부모와 자녀는 서로 관심사가 다릅니다. 이런 상황에서 자녀들의 관심은 고려하지 않은 채 공부

※ [14~15] 다음을 듣고 물음에 답하십시오.

　　남자: 축하합니다. 나트 씨, 이번 대회에서 우승한 소감이 어떠신가요?

　　여자: 기쁘기도 하고 놀랍기도 하네요. 경쟁자 분들이 모두 한국 분들인데 외국인 제가 우승을 할 줄은 꿈에도 몰랐습니다.

　　남자: 심사 위원 분들이 맛은 물론 요리 방법까지 좋은 점수를 주신 것 같은데요. 요리는 어떻게 배우게 되셨나요?

　　여자: 처음에는 집 근처 레스토랑에서 접시 닦는 일부터 시작했고요. 그 후에 몇 년 동안 일류 레스토랑에서 일하면서 최고의 요리사들이 요리하시는 것을 어깨너머로 많이 배웠습니다. 그리고 그렇게 어깨너머로 배운 요리는 주말에 가족들한테 시험 삼아 만들어 주면서 연습을 많이 했더니 이런 좋은 결과를 얻게 된 것 같습니다.

※ [16~17] 다음을 듣고 물음에 답하십시오.

　　남자: 오늘 강의에서는 긍정적 피드백과 부정적 피드백에 대해 알아보도록 하겠습니다. 긍정적 피드백이란 잘한 점을 칭찬하여 용기를 북돋아 주는 것이고 부정적 피드백이란 부족한 점을 지적하여 고치게 하는 것입니다. 그럼 언제 긍정적 피드백을 하고 언제 부정적 피드백을 해야 할까요? 프랑스어 학습자들을 대상으로 한 연구에 따르면 초급 학습자는 긍정적 피드백을 해 준 교사를 선호하고 고급 학습자는 부정적 피드백을 해 준 강사를 선호했다고 합니다. 즉, 피드백을 받는 사람의 수준에 따라 피드백이 이루어져야 한다는 것입니다.

※ [18~19] 다음을 듣고 물음에 답하십시오.

　　남자: 보통 시어머니와 며느리는 어려운 관계라고 하지

요. 다문화가정의 시어머니와 며느리의 관계는 어떨까요? 두 사람은 서로 다른 문화와 환경에서 살아 왔기에 서로의 언어를 이해하기도 쉽지 않습니다. 이처럼 두 여성은 먼저 언어로 의사소통이 잘 되지 않는 탓에 서로에 대한 오해와 갈등이 더 깊어지는 것을 볼 수 있습니다. 심지어는 무조건 자신의 방식을 상대방에게 강요하려고 들기도 합니다. 그렇지만 이 문제를 해결하기 위해 가장 중요한 것은 시어머니와 며느리가 서로의 다름을 인정하는 것입니다. 그다음으로 남편의 역할도 중요한데 남편만 믿고 타국에 온 아내의 마음을 이해하고 위로하는 노력을 해야 합니다. 남편의 이해를 받은 아내는 마음이 편안해져서 자연스럽게 시어머니와의 관계도 좋아질 테니까요.

사랑을 받을 것으로 예상됩니다.

※ [24~25] 다음은 뉴스입니다. 잘 듣고 물음에 답하십시오.

남자: 서울시에서 어려운 이웃을 돕기 위한 한마음 바자회를 개최한다고 합니다. 이번 바자회는 다음 주 토요일 오후 1시부터 8시까지 명동에서 열릴 예정입니다. 이를 위해 시민들은 자신의 집에서 쓰지 않는 생활용품, 의류 등을 기증하였고 응원의 글을 전달하기도 하였습니다. 바자회 중에는 먹거리 장터와 문화 공연도 펼쳐지며 바자회 수익금은 전액 '행복나눔센터'에 기부된다고 합니다. 관심 있는 분들의 많은 참여 부탁드립니다.

※ [20~21] 다음을 듣고 물음에 답하십시오.

여자: 그동안 라면의 기름기 때문에 살이 찔까 봐 먹기 꺼리셨던 분들이 있는데, 오늘은 그런 분들을 위해 좋은 요리법 하나를 소개해 드리겠습니다. 먼저 물이 끓으면 면을 잠깐 넣었다가 건지고 물을 버립니다. 그리고 다시 찬물을 받아 면을 넣고 끓이는 겁니다. 이렇게 하면 면에 있던 기름기가 빠지게 됩니다. 그다음 면이 익기 시작하면 스프를 넣고 조금 후에 불을 끄세요. 이제 뚜껑을 덮고 2분 정도 기다립니다. 자, 드디어 라면이 완성되었습니다.

※ [22~23] 다음을 듣고 물음에 답하십시오.

남자: 도시의 녹색 공원 만들기 사업이 활기를 띠고 있습니다. 과학자들에 의하면 도시의 숲이 에어컨 역할을 한다고 하는데요. 이에 따라 서울 도심에 10개의 녹색 공원이 새로 만들어질 예정입니다. 특히 주차장이었던 곳에 공원을 만들어 많은 나무를 심는다고 합니다. 그 후 이 녹색 공원은 어린이들을 위한 자연 학습장으로 활용될 것이라고 합니다. 한편 이들 공원에 심어질 나무는 시민들로부터 기증을 받고 그 나무에 기증한 사람의 이름표도 달아 줄 예정이라고 합니다. 올해 말 개장을 목표로 하고 있는 녹색 공원은 벌써부터 시민들의 많은

담당 연구원

정혜선 국립국어원 학예연구사
박지수 국립국어원 연구원

집필진

내용 집필

이선웅 경희대 한국어학과 교수
이 향 한국조지메이슨대 현대및고전언어과 조교수
정미지 서울시립대 국제교육원 한국어학당 책임강사
현윤호 경희대 문화예술법연구센터 연구팀장
김유미 경희대 언어교육원 교수
박수연 조선대 언어교육원 교육부장
이영희 숙명여대 한국어문학부 초빙대우교수
이윤진 안양대 교육대학원 외국어로서의 한국어교육 전공 조교수
이정화 서울대 언어교육원 한국어교육센터 대우조교수

내용 검토

박미정 건양사이버대 다문화한국어학과 조교수
김정남 경희대 한국어학과 교수
김현주 용인시 다문화가족지원센터 한국어 강사
박동호 경희대 한국어학과 교수
박시균 군산대 국어국문학과 교수
양명희 중앙대 국어국문학과 교수
오경숙 서강대 전인교육원 조교수
홍윤기 경희대 국제교육원 교수

연구 보조원

박서향 경희대 언어교육원 한국어교육부 주임강사
성아영 전 경희대 언어교육원 한국어 강사
이 경 전 경희대 언어교육원 한국어 강사
이채원 순천향대 한국어교육원 강사
김경은 전 경희대 언어교육원 한국어 강사
김보현 중앙대 언어교육원 한국어 강사
박경희 평택대 국제처 한국어교육센터 강사
박기표 전 베트남 한국문화원 세종학당 파견교원
박정아 경희대 교육실습센터 한국어 강사

박혜연 아주대 국제교육센터 한국어 강사
윤권하 전 경희대 언어교육원 한국어 강사
윤희수 평택대 국제처 한국어교육센터 강사
이정선 경희대 국제한국언어문화학과 석사과정 수료
조연아 경희대 국제한국언어문화학과 석사과정 수료
최은하 군산대 국제교류교육원 언어교육센터 한국어 강사
탁진영 경희대 국제교육원 한국어 강사
황지영 한신대 국제교류원 한국어 강사

다문화가정과 함께하는

정확한 한국어 중급 2

1판 1쇄 2019년 2월 13일
1판 4쇄 2022년 8월 10일

기획·개발 국립국어원
펴낸이 박민우
기획팀 송인성, 김선명, 김선호
편집팀 박우진, 김영주, 김정아, 최미라, 전혜련
관리팀 임선희, 정철호, 김성언, 권주련
펴낸곳 (주)도서출판 하우

주소 서울시 중랑구 망우로68길 48
전화 (02)922-7090
팩스 (02)922-7092
홈페이지 http://www.hawoo.co.kr
e-mail hawoo@hawoo.co.kr
등록번호 제475호

값 10,000원
ISBN 979-11-88568-60-4 14710
ISBN 979-11-88568-56-7 14710 (set)